Hajo Blank

FALTE DAS PAPIER!

Klassiker & neue Faltideen

christophorus

Inhalt

Willkommen im Faltklub

Hallo Kinder!

Es ist gar nicht schwer, aus einem bunten Blatt Papier geniale Flieger, lustige Tiere oder verblüffende Zauberspiele zu falten. In diesem Buch findet ihr viele bekannte und weniger bekannte Faltmodelle. Die meisten davon sind recht einfach zu falten. Für geübte Papierfalter sind auch einige knifflige Figuren dabei.

Doch nicht nur das Falten macht großen Spaß: Die meisten Modelle eignen sich auch wunderbar zum Spielen! Mit manchen kann man sogar Wettbewerbe austragen oder herrlich zaubern. Und es gibt auch ein paar ganz verrückte Faltobjekte, zum Beispiel den trudelnden Fisch oder das fliegende Rohr.

Bekommt ihr Lust, all die tollen Dinge aus Papier zu falten und mit ihnen zu spielen? Dann ist dieses Buch genau richtig für euch. Folgt einfach den Schritt-für-Schritt-Anleitungen und schon habt ihr euer Lieblingsmodell im Nu gefaltet!

Viel Spaß wünscht euch

Hajo Blank

Hinweise & Tipps

Dein Faltpapier

Für die meisten Faltmodelle eignet sich dünnes Papier am besten; es sollte jedoch ausreichend fest sein. Farbiges Kopier-, Glanz- oder Buntpapier mit einem Gewicht von 60 bis 80 g/qm ist ideal. Für die verrückten Flugobjekte („Fliegender Fisch“ und „Fliegendes Rohr“) ist festeres Tonpapier gut geeignet. Faltest du die Tiermodelle mit Farbverlaufs- oder Regenbogenpapier, sehen sie besonders dekorativ aus. Entscheidest du dich für Origami-Papier, benötigst du ein extragroßes Format, das mindestens dem DIN-A4-Format (ca. 21 x 30 cm) entsprechen sollte.

Die Größe deiner Faltblätter

Die meisten Faltfiguren können jeweils aus einem DIN-A4-Papierbogen gefaltet werden. Für einige Modelle benötigst du quadratische Blätter. Wie du dir eins aus einem DIN-A4-Blatt schneidest, erfährst du auf Seite 7. Falls andere Papiergrößen benötigt werden, sind diese jeweils bei den Anleitungen angegeben. Alle Angaben sind ungefähre Maße. Wenn die Maße deines Blattes geringfügig abweichen, ist das nicht so schlimm.

Was du sonst noch brauchst

Folgende Hilfsmittel solltest du dir bereitlegen: ein Lineal, ein Falzbein, einen Bleistift, eine Papierschere.

Was außerdem wichtig ist

Am besten faltest du auf einem Tisch oder einem anderen ebenen Untergrund. Falte immer Schritt für Schritt! Lies dir die einzelnen Texte in Ruhe durch und sieh dir die dazugehörigen Zeichnungen an. Nimm dir beim Falten Zeit! Und lass dich nicht ablenken!
Je besser du dich auf das Falten konzentrierst, desto einfacher ist es. Glätte die Kanten nach dem Falten mit einem Fingernagel oder einem Falzbein.
Nicht jeder Faltversuch gelingt gleich beim ersten Mal. Aber das macht nichts! Bist du mit dem Ergebnis nicht zufrieden, versuchst du es einfach noch einmal.

Schwierigkeitsgrade

Bei allen Motiven ist der ungefähre Schwierigkeitsgrad angegeben; dies kannst du an folgenden Symbolen erkennen:

 = einfach

 = etwas schwieriger

 = knifflig

Faltsymbole

Das bedeuten die Linien und Symbole auf den Zeichnungen:

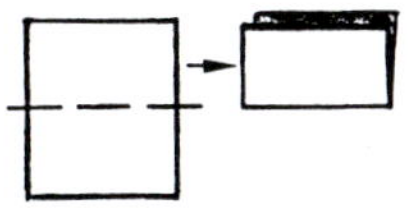

Falte das Blatt nach vorn (Talfalte)

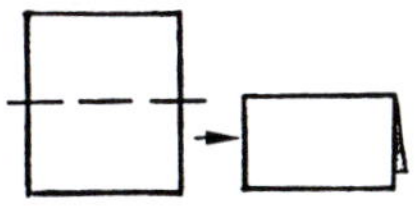

Falte das Blatt nach hinten (Bergfalte)

Faltlinie

gedachte Linie zur besseren Orientierung

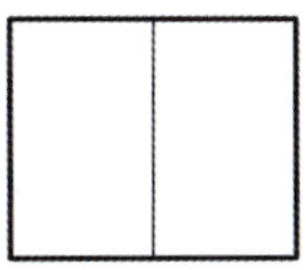

Hier siehst du eine vorhandene Falte (Knickfalte)

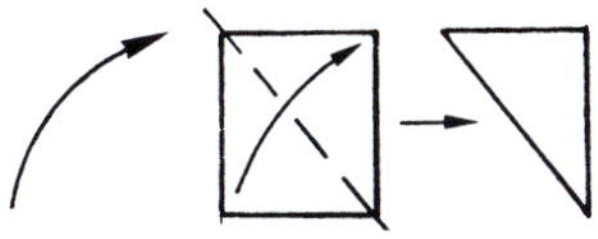

Falte in Pfeilrichtung

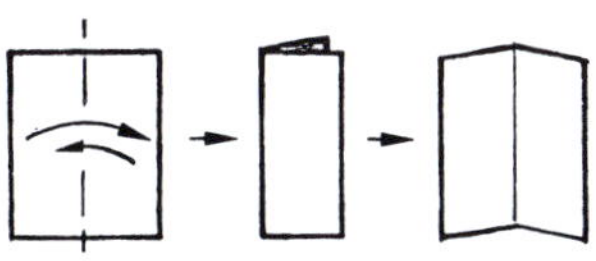

Falte in Pfeilrichtung und öffne die Faltung wieder

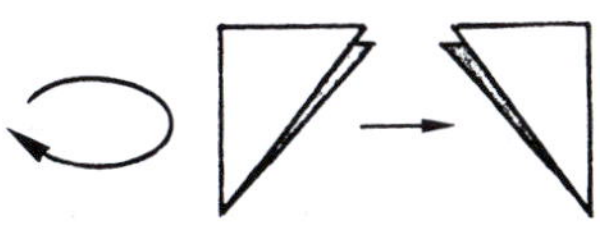

Wende das Faltmodell

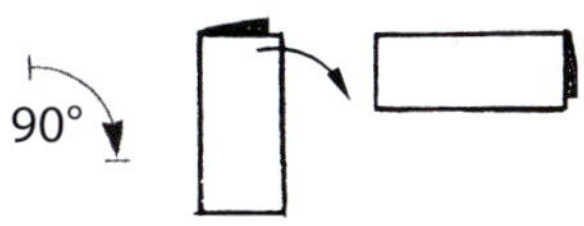

Drehe das Modell in Pfeilrichtung

So schneidest du dir ein quadratisches Blatt

Für einige Modelle benötigst du ein Blatt mit vier gleich langen Seiten: ein Quadrat. Wenn du keins hast, schneidest du dir eins aus einem Blatt mit ungleichen Seiten, einem Rechteck, zu.

Rechteck

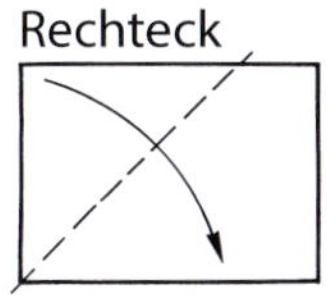

1 Falte ein rechteckiges Blatt so, wie du es auf der Zeichnung siehst.

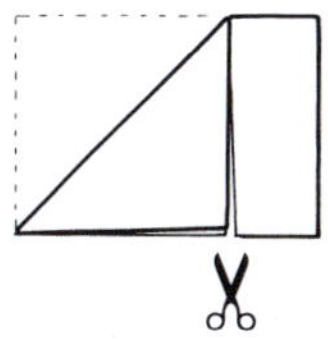

2 Schneide den überstehenden Streifen an der Kante des Dreiecks ab.

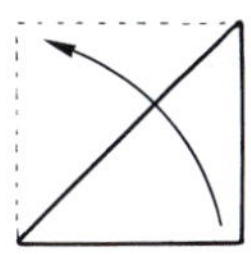

3 Öffne das Papierdreieck wieder.

Quadrat

4 Nun hast du ein quadratisches Blatt.

FLIEGER

Pfeil & Superpfeil

Du brauchst:
ein DIN-A4-Blatt, ein Lineal, einen Bleistift

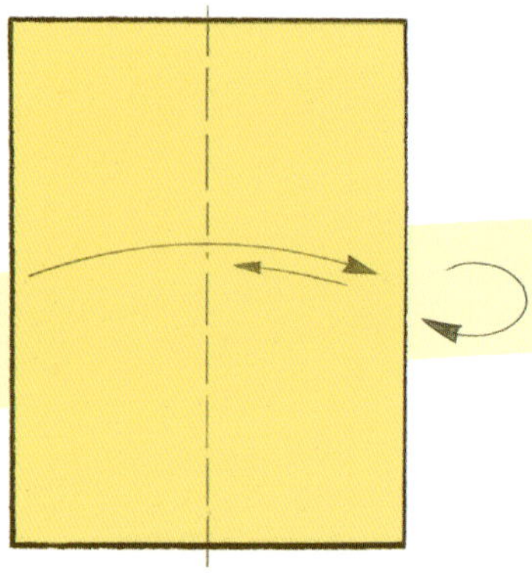

1
Falte dein Blatt längs in der Mitte, öffne es wieder und wende das Blatt.

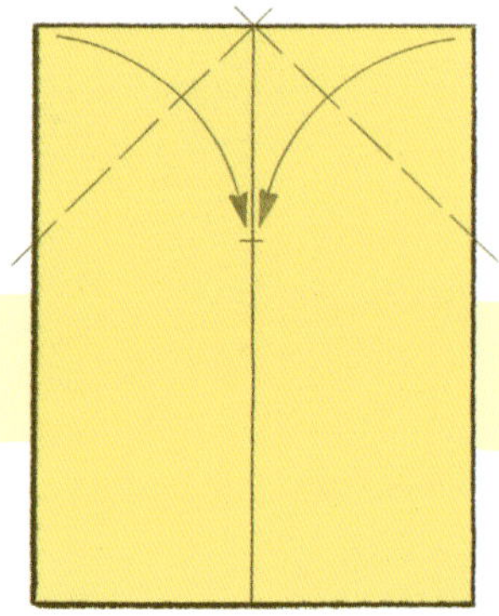

2
Falte die beiden oberen Ecken zur gefalzten Mittellinie.

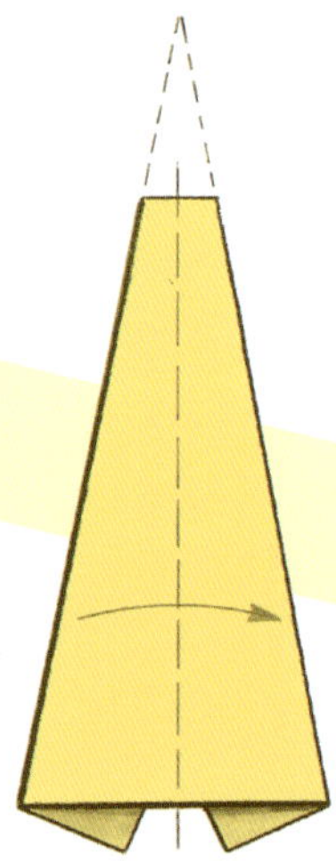

8
Falte die linke Seite über die Mittellinie auf die rechte Seite.

9
Richte nun noch die beiden Tragflächen so aus, dass sie eine Fläche bilden.

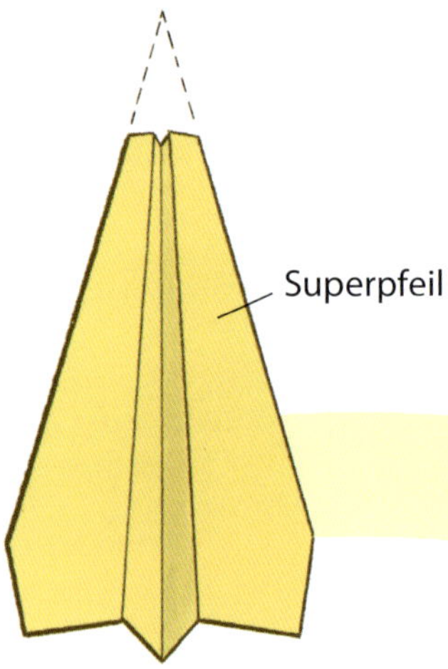

10
Fertig! Beim Starten (Abwurf) des Pfeils solltest du möglichst weit vorne anfassen.

Pfeil

Superpfeil

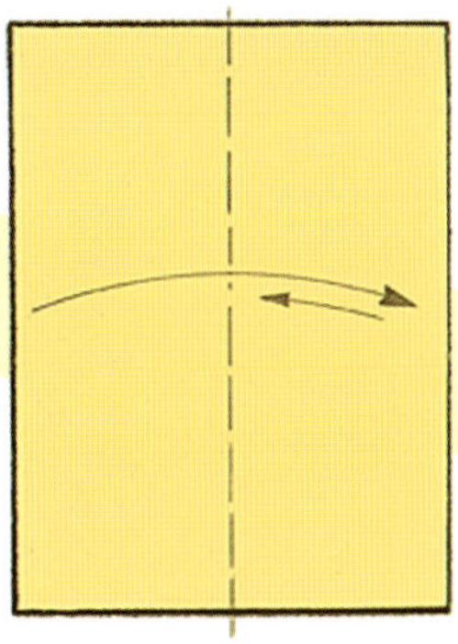

3
Nun sieht dein Blatt so aus.

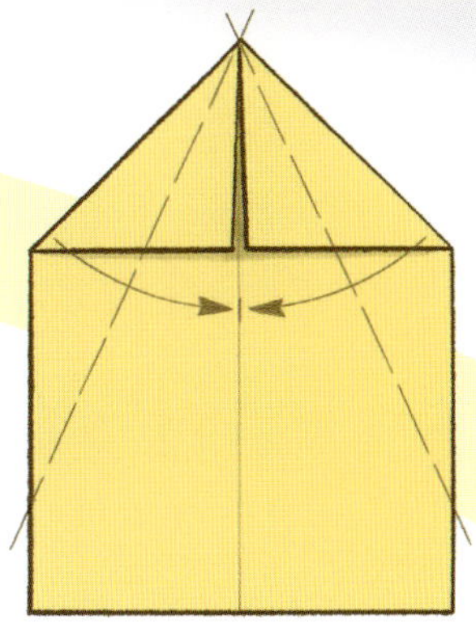

4
Falte auch die beiden neu entstandenen Ecken zur Mittellinie.

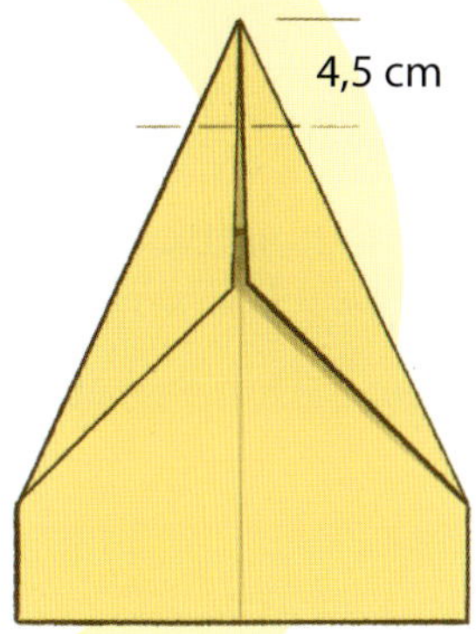

5
Nur für den Superpfeil faltest du die Spitze 4,5 cm nach unten.

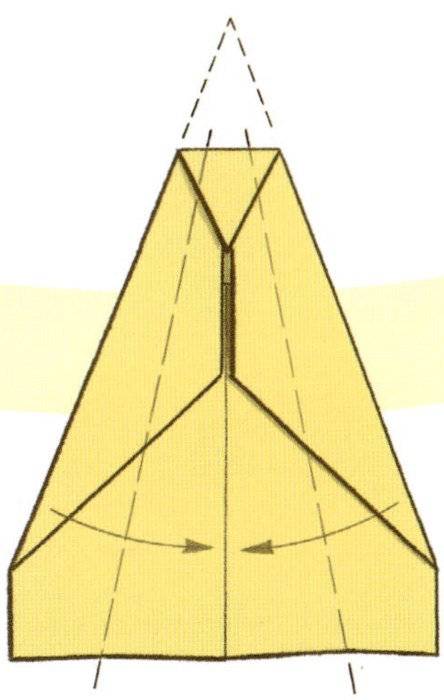

6
Lege die äußeren Kanten – für beide Modelle – zur Mittellinie um.

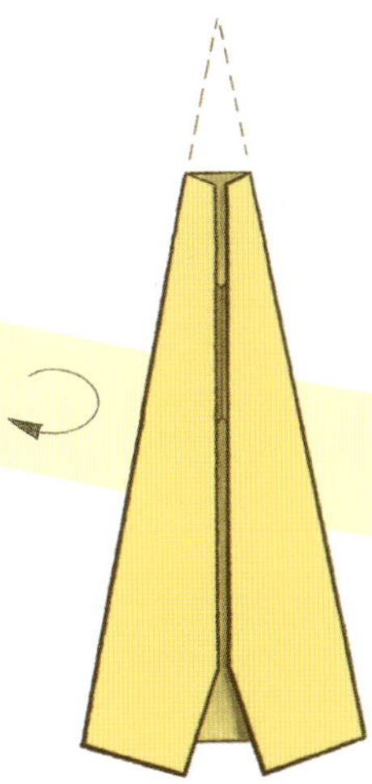

7
Wende die Faltarbeit.

Fliegendes Rohr

Du brauchst:
ein DIN-A4-Blatt (festeres Tonpapier), ein Lineal, einen Bleistift, eine Papierschere, eine Büroklammer

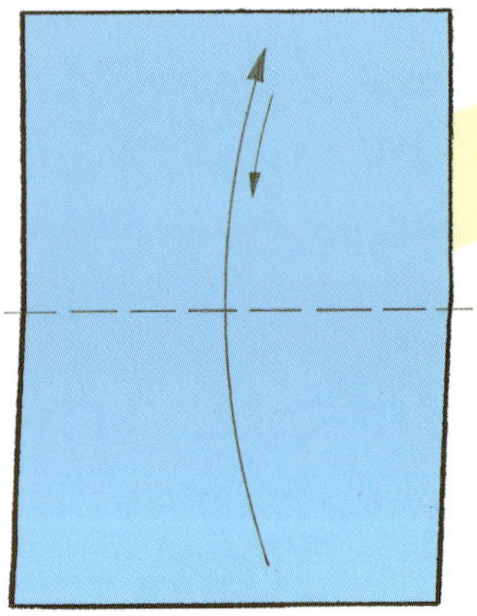

1
Falte dein Blatt quer in der Mitte. Öffne die Faltung wieder.

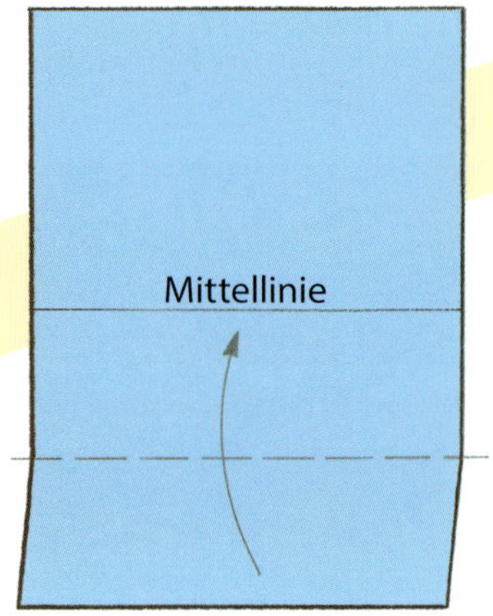

2
Falte nun die untere Kante nach oben zur gefalzten Mittellinie.

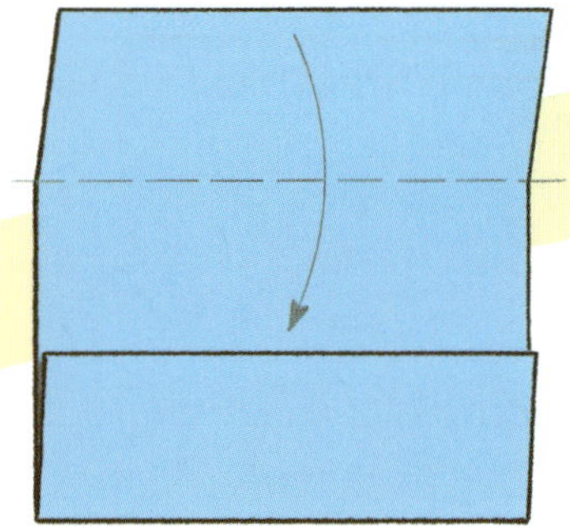

3
Falte dann die obere Kante zur Mittellinie.

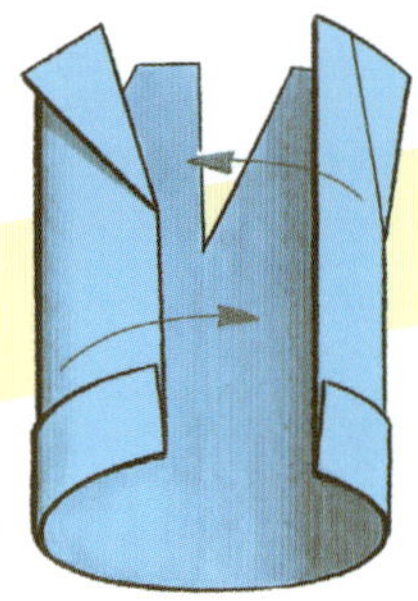

10
… dass eine Röhre entsteht.

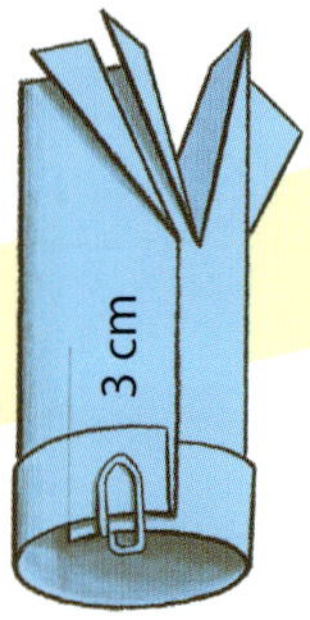

11
Beide Enden sollten sich etwa 3 cm überlappen. Verbinde sie mit einer Büroklammer.

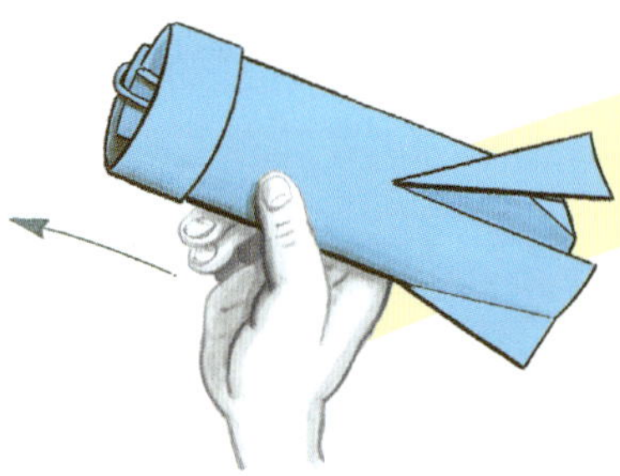

12
Forme das fliegende Rohr aus. Am besten wirfst du es so ab, wie es auf der Zeichnung zu sehen ist.

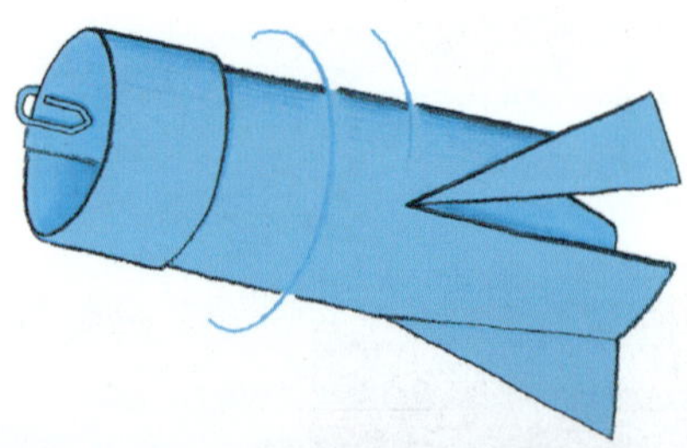

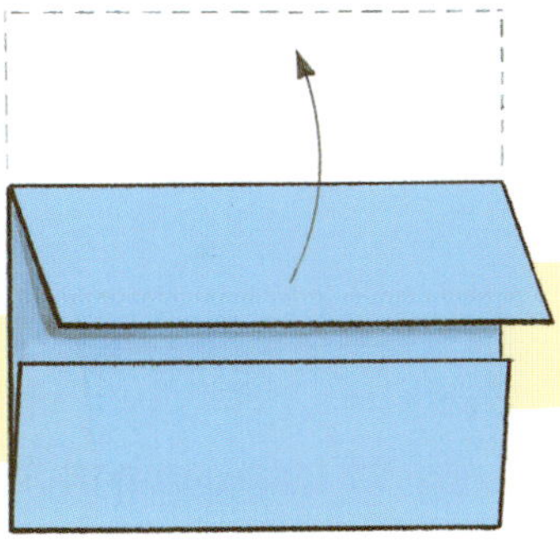

4
Öffne diese Faltung wieder.

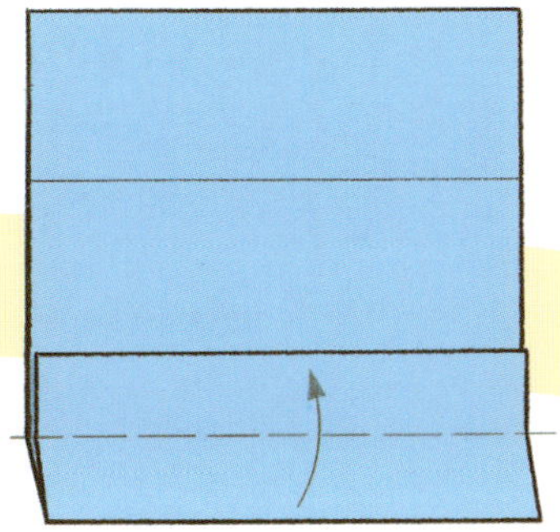

5
Falte die untere Kante noch einmal nach oben zur Mittellinie.

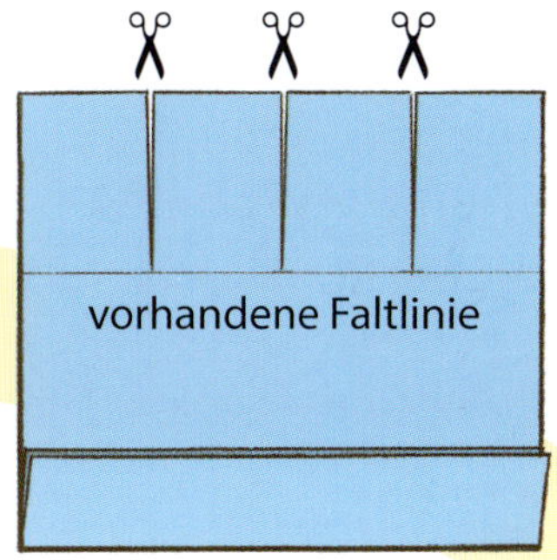

6
Nimm eine Schere. Schneide das Blatt in gleichen Abständen dreimal ein, und zwar von oben bis zur ersten Faltlinie.

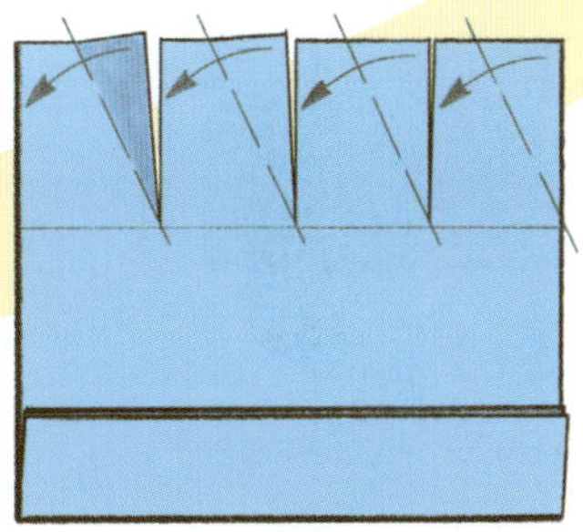

7
Falte die rechten oberen Ecken jeweils wie abgebildet nach links um.

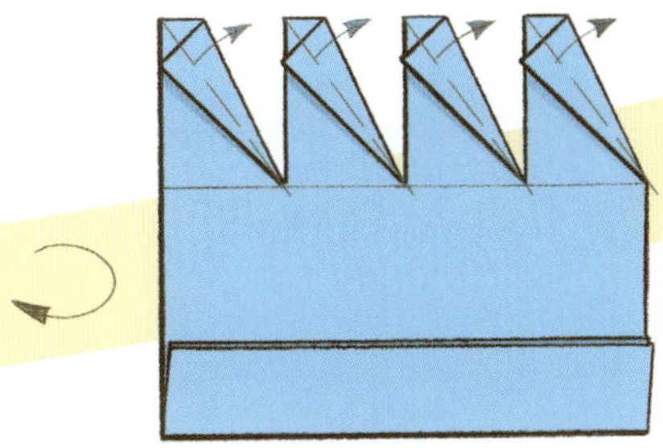

8
Falte die Ecken zur Hälfte wieder zurück und wende das Faltmodell.

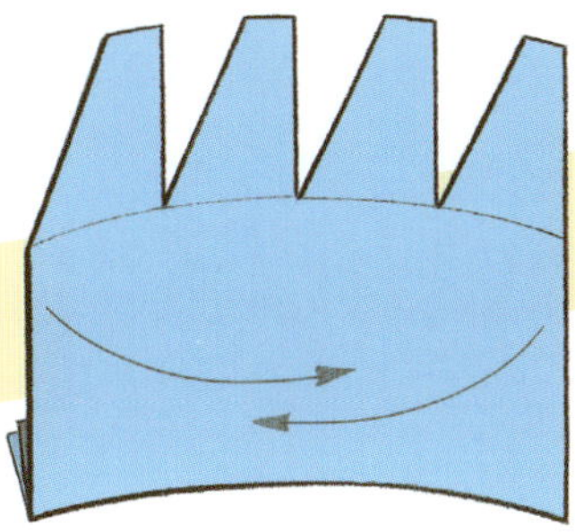

9
Führe jetzt beide Seiten so zusammen, …

Akrobat

Du brauchst:
ein DIN-A4-Blatt, ein Lineal, einen Bleistift

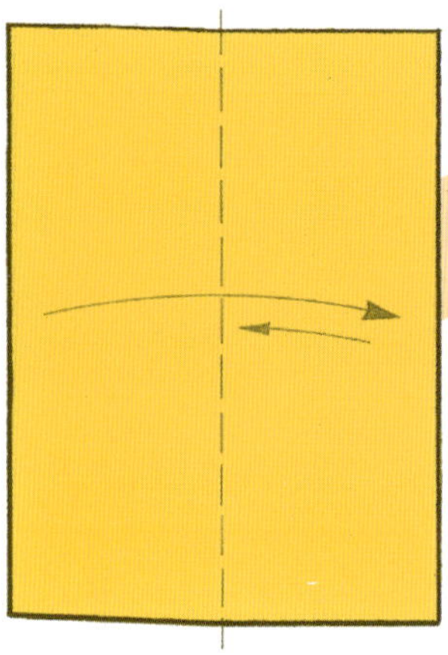

1
Falte zuerst die lange linke Kante auf die rechte Kante und öffne die Faltung wieder.

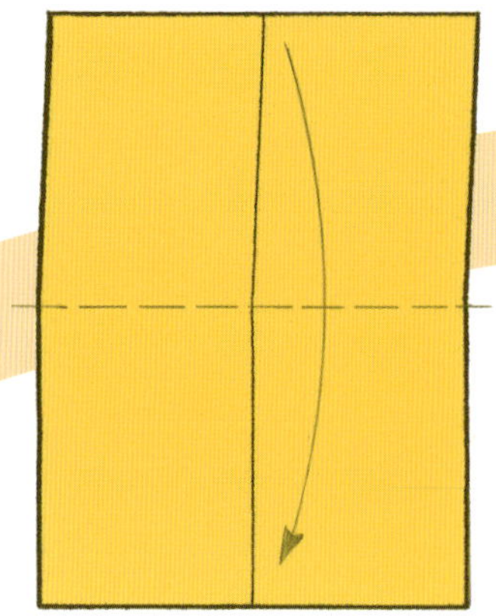

2
Falte dann die obere Kante zur unteren Kante.

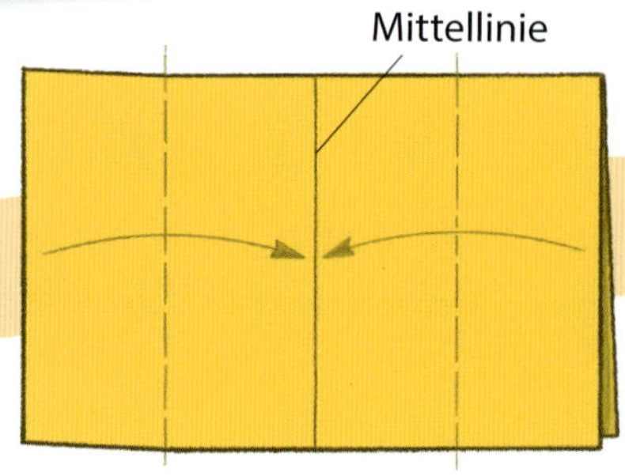

3
Falte jetzt die linke und die rechte Kante zur gefalzten Mittellinie.

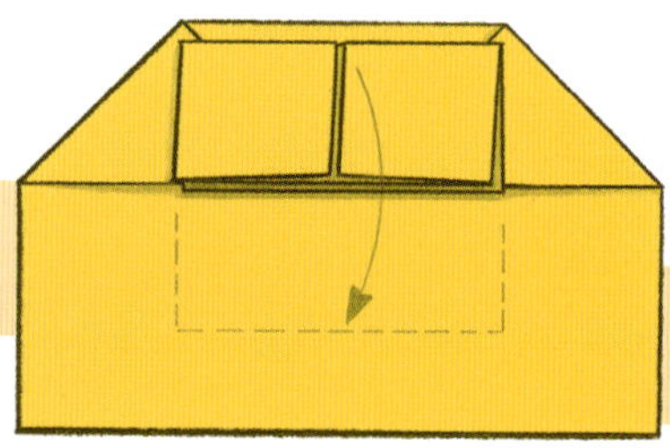

10
Lege dieses doppelte Teil nach unten um.

11
Schlage es anschließend wie abgebildet nach innen ein, …

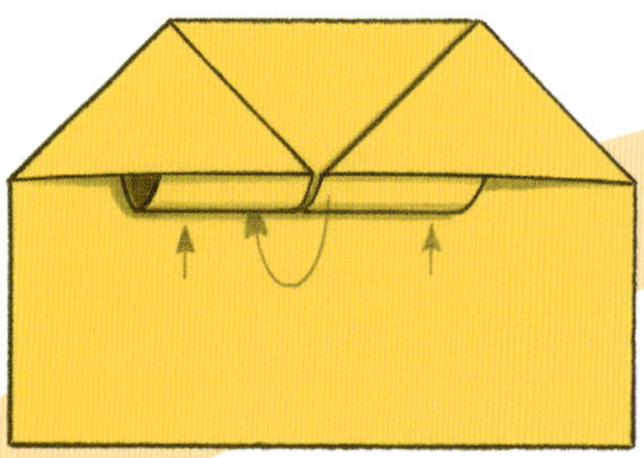

12
… sodass es vollständig unter den Dreiecken verschwindet.

Weiter geht's auf Seite 16

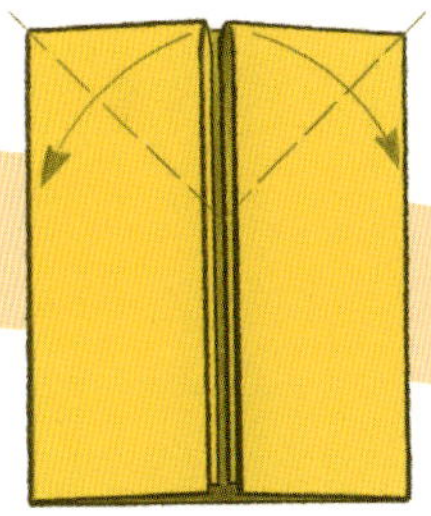

4
Falte die oberen Ecken der umgeschlagenen Seiten an die Außenkanten.

5
Falte die beiden Ecken wieder zurück.

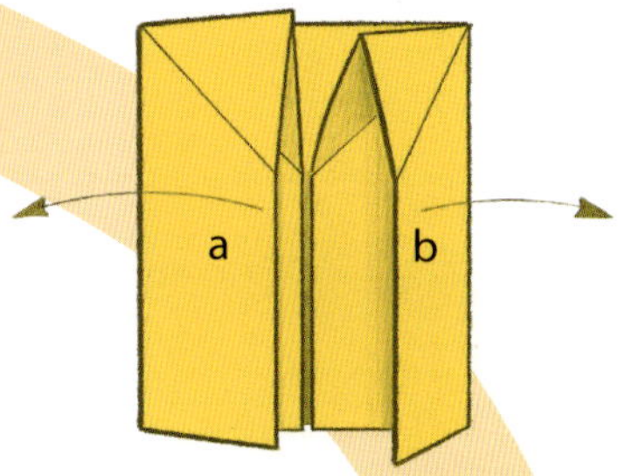

6
Lege die oberen Papierflächen „a“ und „b“ so nach außen um, …

7
… dass zwei Hausformen entstehen.

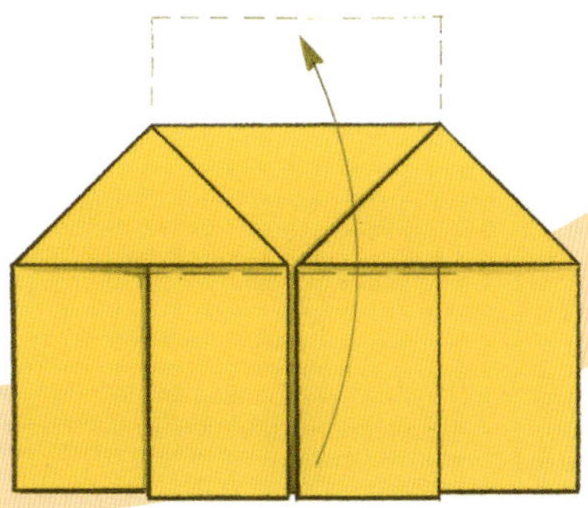

8
Falte das aufliegende mittlere Rechteck über die unteren Kanten der Dreiecke ganz nach oben …

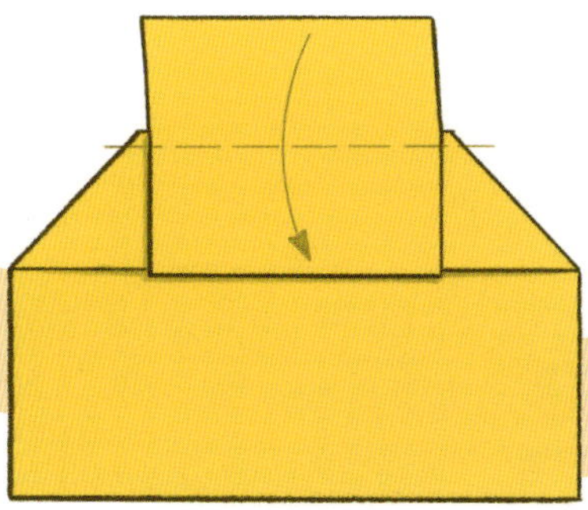

9
… und dann zur Hälfte wieder zurück.

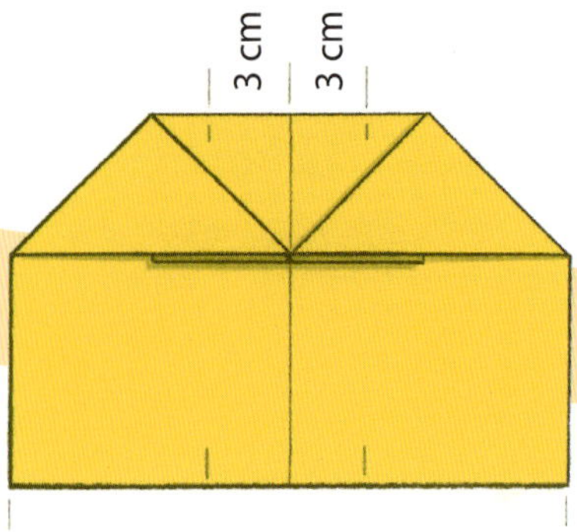

13

Bringe jeweils 3 cm von der gefalzten Mittellinie entfernt mit einem Bleistift Markierungen an.

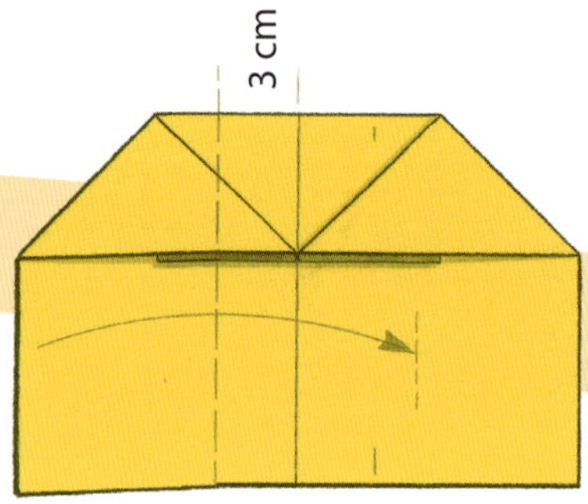

14

Falte nun die linke Seite über die markierte Linie nach rechts um.

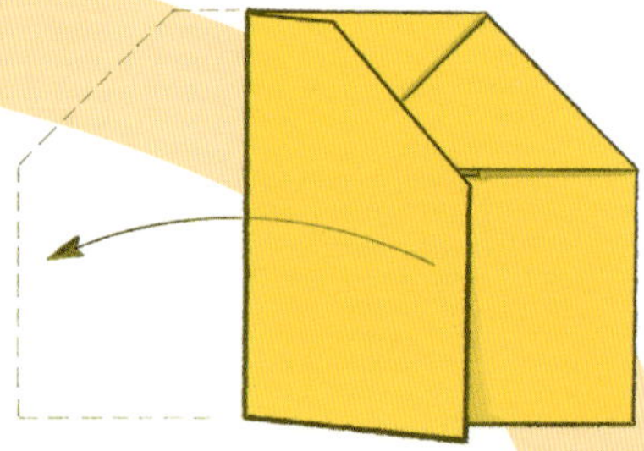

15

Öffne die Faltung wieder.

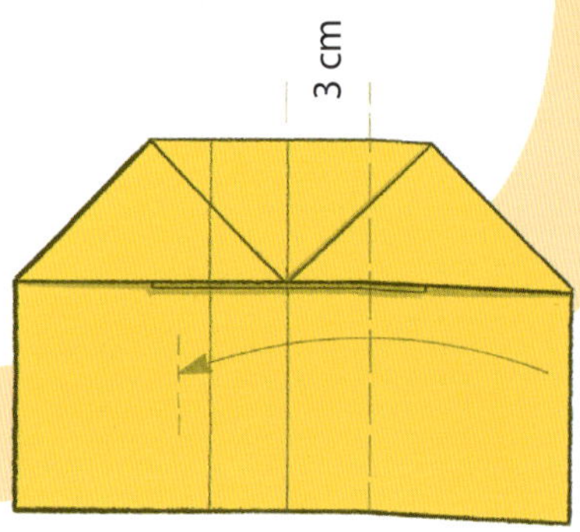

16

Falte dann die rechte Seite über die andere markierte Linie nach links um.

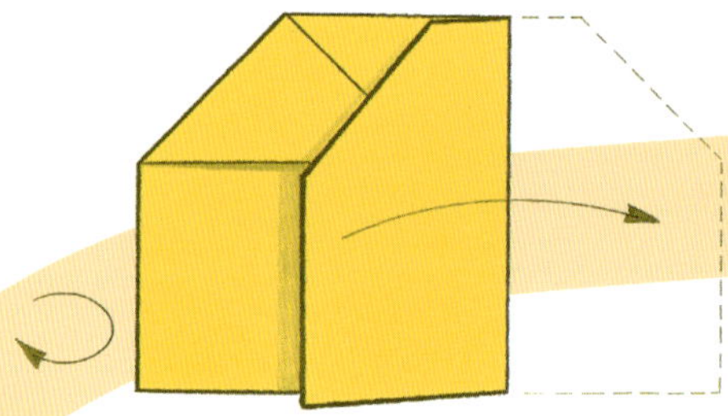

17

Öffne die Faltung wieder und wende das Faltmodell.

18

Jetzt faltest du noch auf beiden Seiten einen 2 cm breiten Streifen nach oben und richtest die Tragflächen aus – und ab geht's!

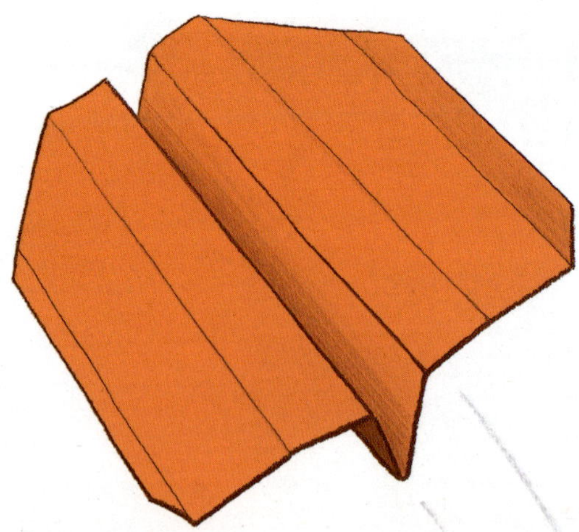

Du brauchst:
ein DIN-A4-Blatt, ein Lineal, einen Bleistift

Loopingstar

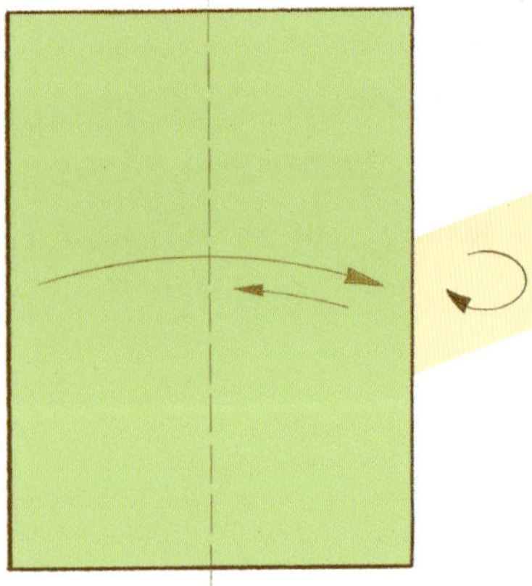

1
Falte dein Blatt längs in der Mitte, öffne die Faltung wieder und wende das Blatt.

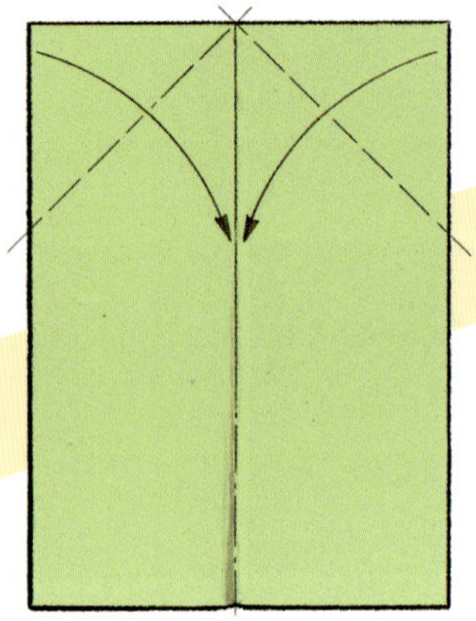

2
Falte die beiden oberen Ecken zur gefalzten Mittellinie.

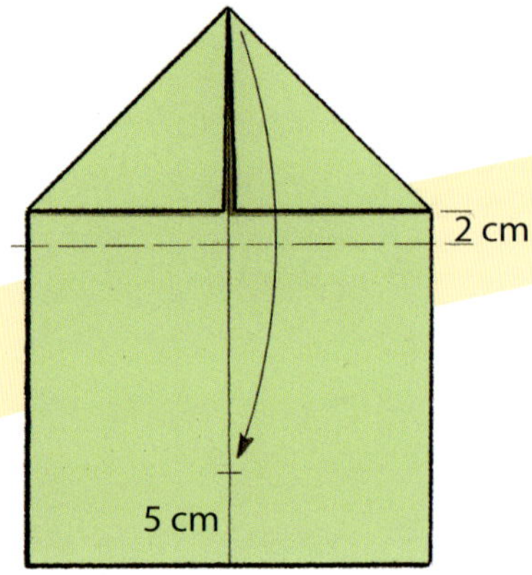

3
Markiere dir 2 cm unterhalb des Dreiecks eine Linie. Falte die obere Ecke wie abgebildet über die markierte Linie nach unten.

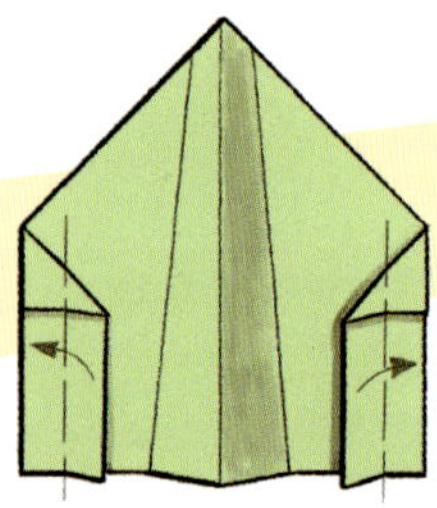

10
Falte beide Streifen zur Hälfte wieder zurück.

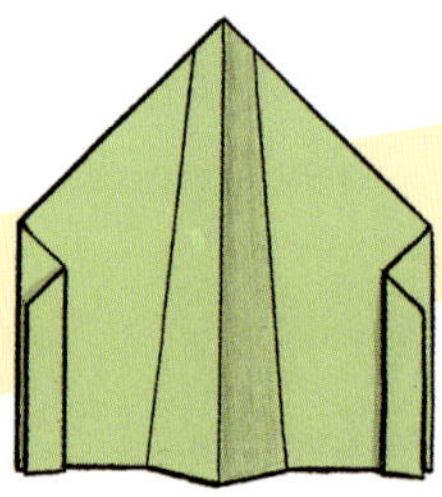

11
Jetzt sieht dein Flieger so aus.

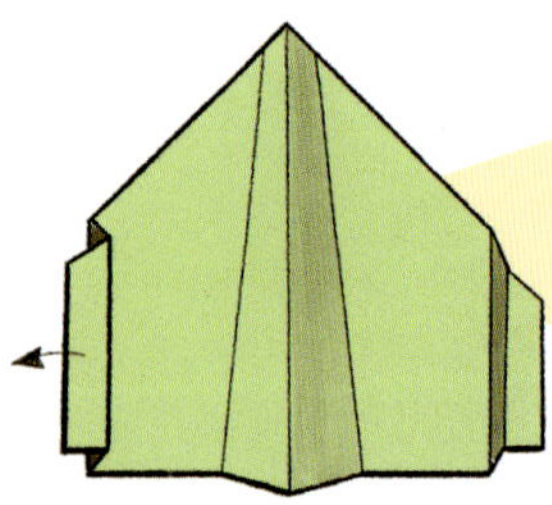

12
Nun richtest du nur noch die Tragflächen aus – fertig!

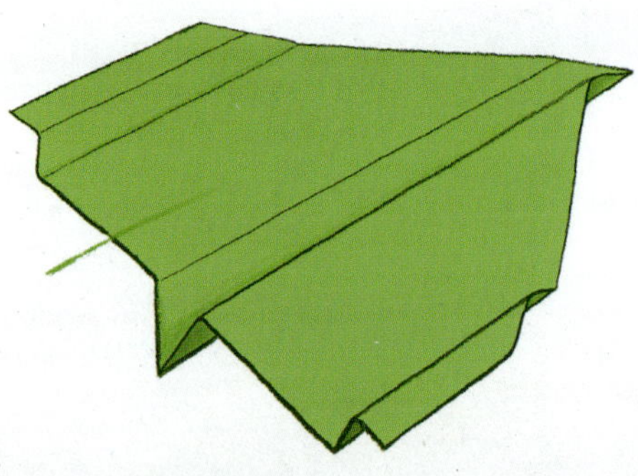

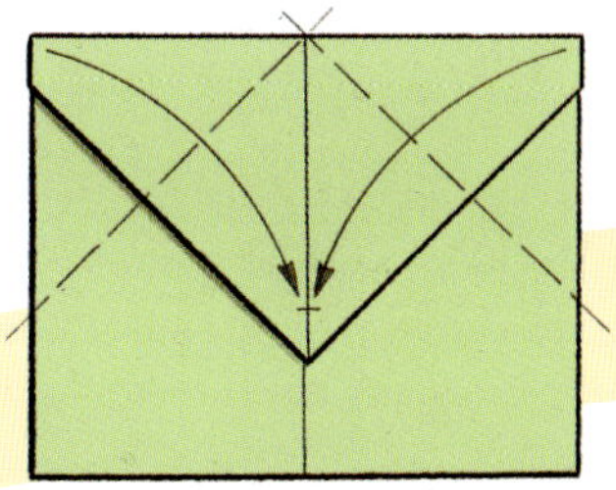

4
Falte die beiden oberen Ecken zur Mittellinie.

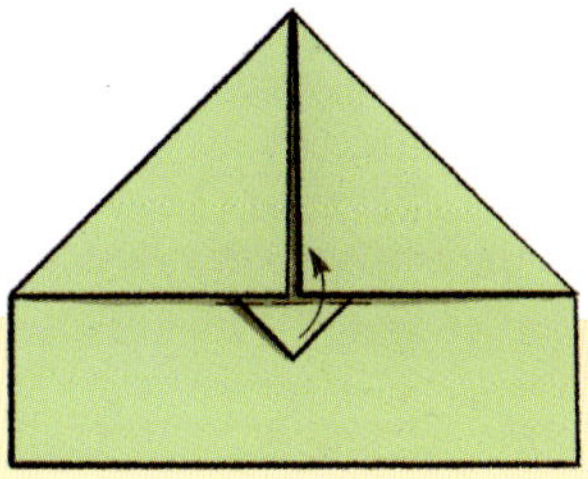

5
Falte nun die kleine Ecke über die aufliegenden Dreiecke.

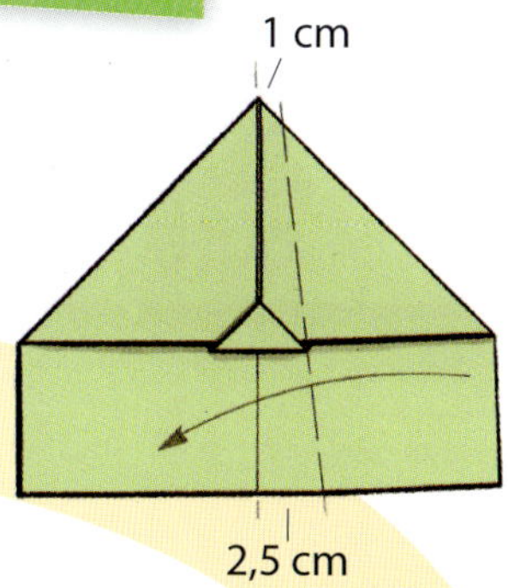

6
Markiere dir eine Faltlinie – so wie auf der Zeichnung zu sehen. Falte den rechten Flügel über diese markierte Linie nach links.

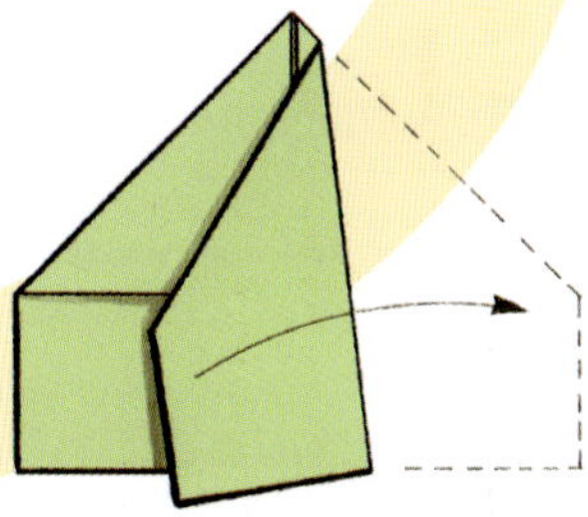

7
Öffne die Faltung wieder.

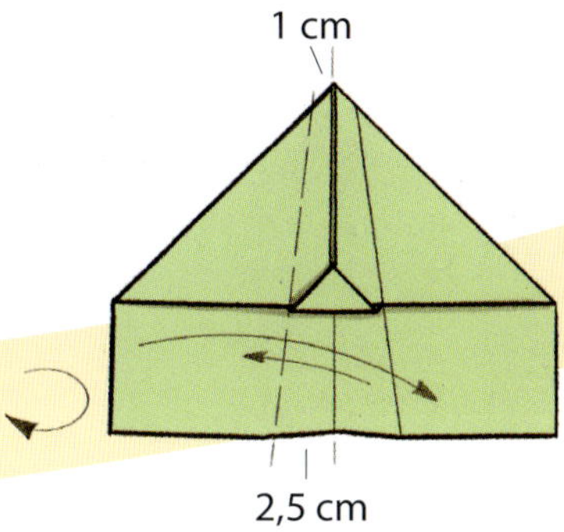

8
Markiere dir ebenso auf der anderen Seite eine Linie und falte den linken Flügel nach rechts. Öffne die Faltung wieder und wende das Faltmodell.

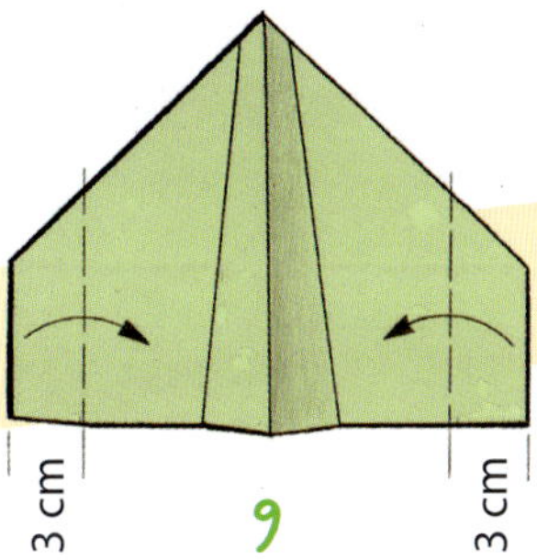

9
Falte an beiden Flügelenden jeweils einen 3 cm breiten Streifen nach innen.

Megagleiter

Du brauchst:
ein DIN-A4-Blatt, ein Lineal, einen Bleistift

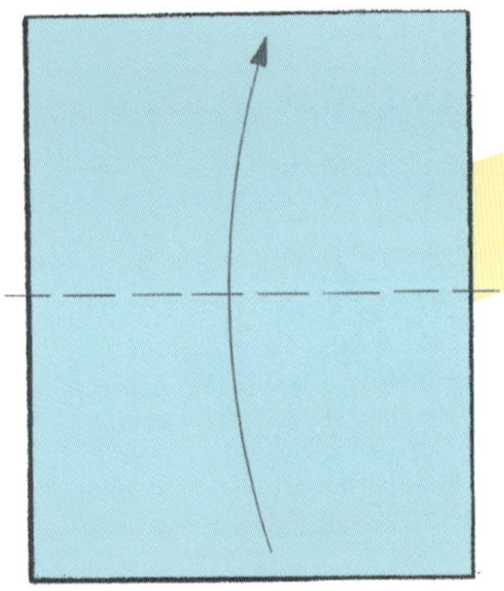

1
Falte die untere Kante zur oberen Kante.

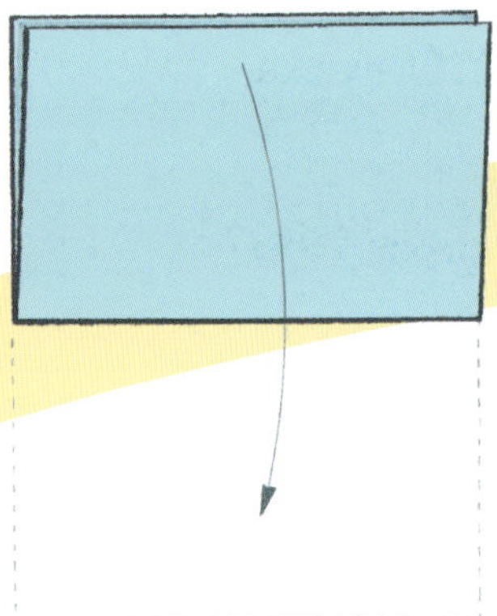

2
Öffne die Faltung wieder.

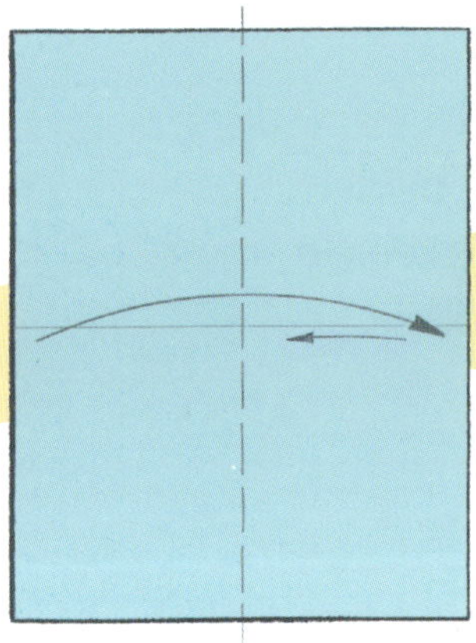

3
Falte jetzt die linke Kante auf die rechte Kante und öffne die Faltung wieder.

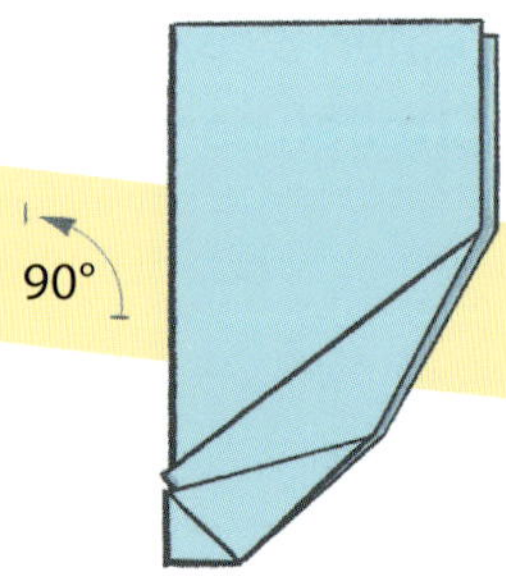

10
Drehe den Flieger um 90° entgegen dem Uhrzeigersinn.

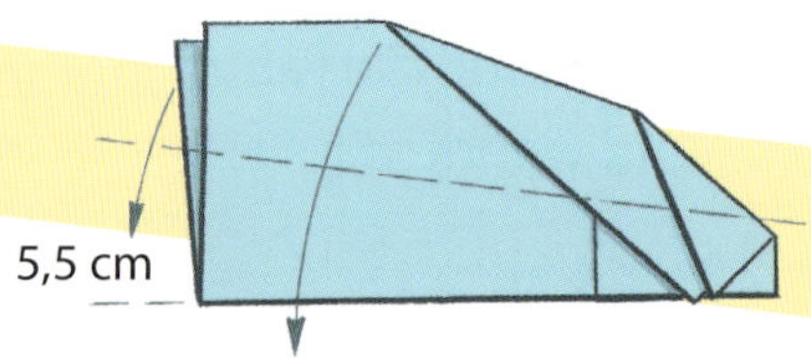

11
Markiere dir eine Faltlinie und falte die beiden Tragflächen an der gestrichelten Linie nach unten bzw. nach außen.

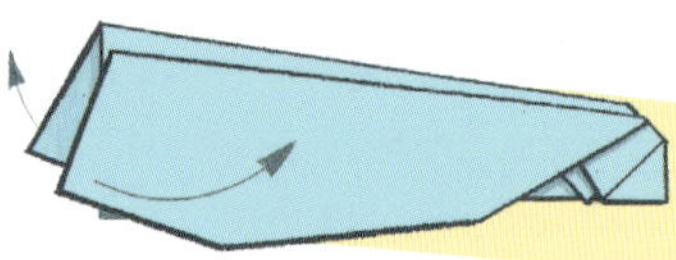

12
Wenn du die beiden Tragflächen ausgerichtet hast, ist dein Megagleiter startklar.

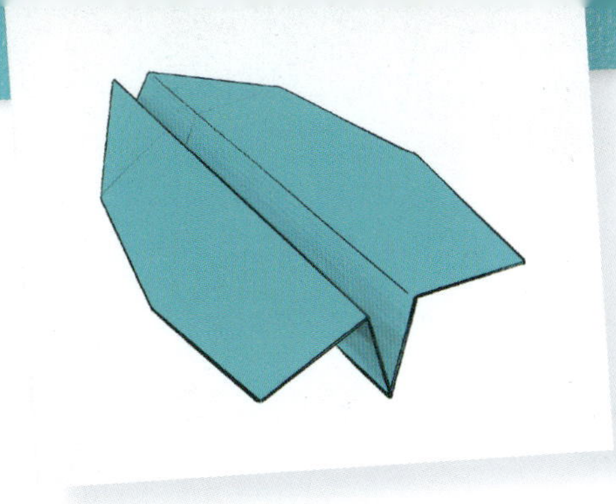

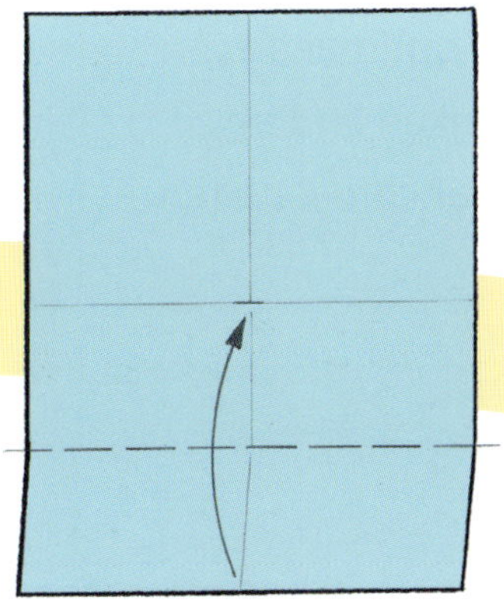

4

Falte die untere Kante zur waagerechten gefalzten Mittellinie.

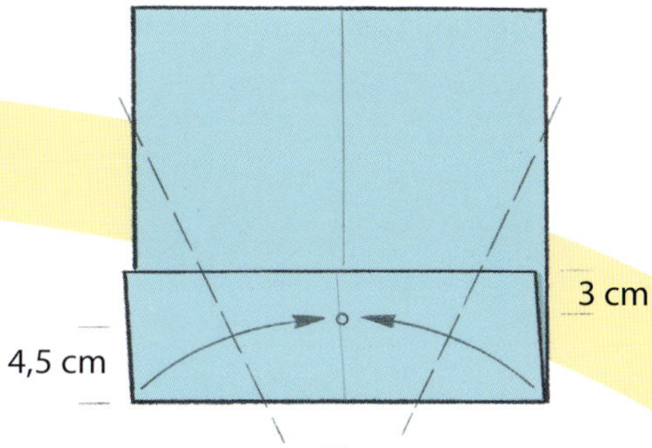

5

Markiere – wie abgebildet – einen Punkt auf der senkrechten Mittellinie. Falte nun die unteren Ecken zu diesem Punkt.

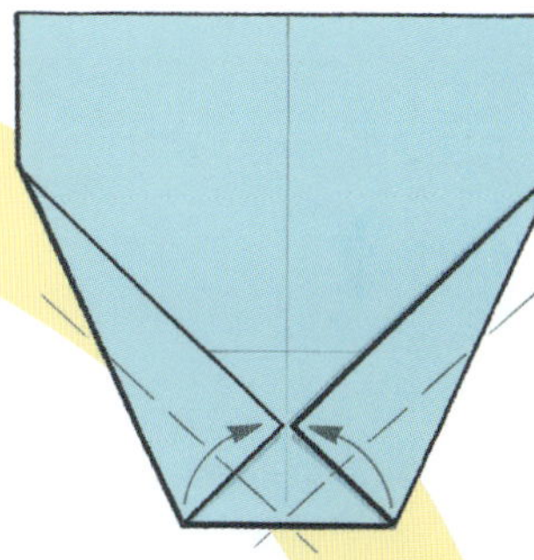

6

Falte auch die beiden neu entstandenen unteren Ecken zu diesem Punkt.

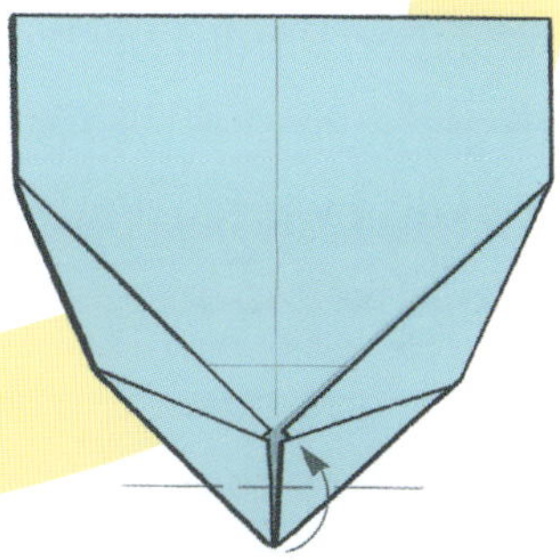

7

Falte jetzt die untere Spitze nach oben, sodass sie auf den vier Ecken liegt.

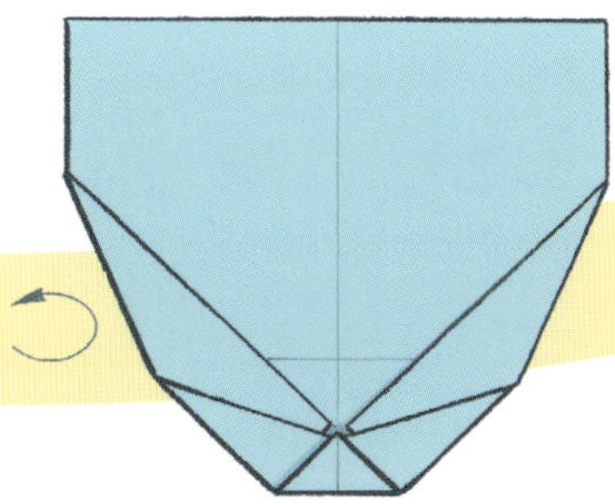

8

Wende das Faltmodell.

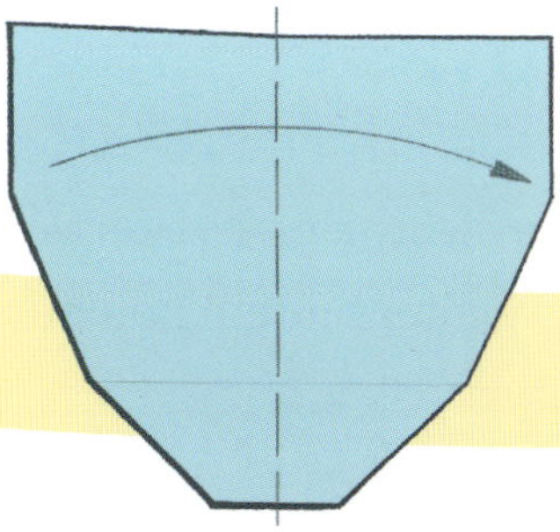

9

Falte nun die Tragflächen über die Mittellinie aufeinander.

Abwurftechniken

Ob dein Flieger gut fliegt, merkst du bei den ersten Testflügen. Gib nicht sofort auf, wenn dein Flieger beim ersten Start nicht gleich optimal fliegt. Du kannst den Startwinkel als auch die Abwurfgeschwindigkeit ändern. Am besten probierst du unterschiedliche Techniken aus. Manchmal helfen auch kleine Korrekturen an den Tragflächen.

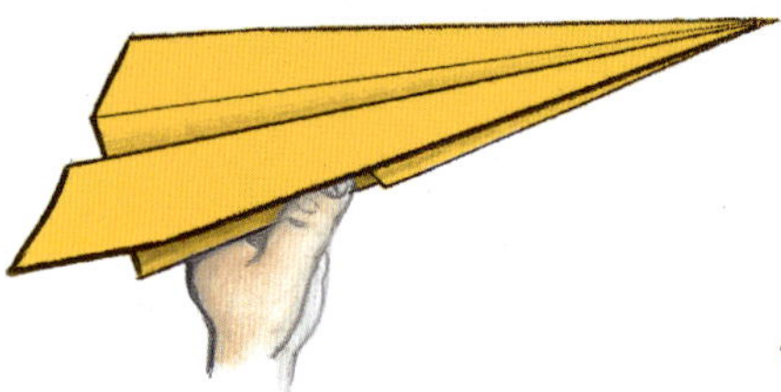

waagerechter Startwinkel

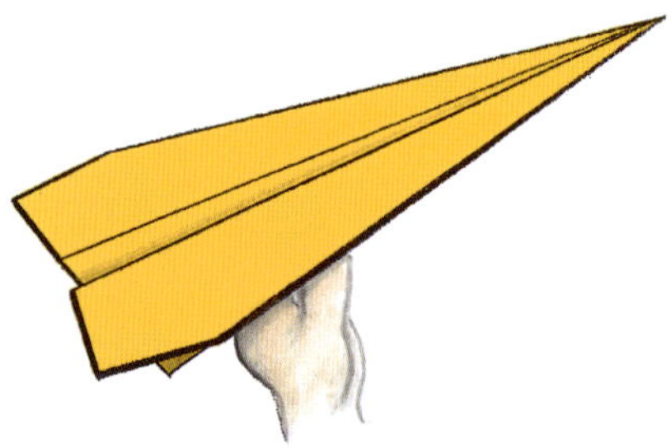

flacher Startwinkel

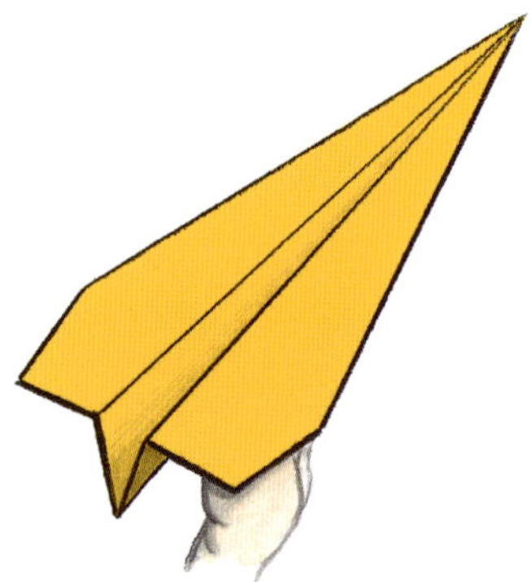

steiler Startwinkel

Der Startwinkel

Die meisten Flieger werden fast waagerecht oder in einem flachen Winkel nach oben gestartet. Einige Flieger solltest du jedoch besser in einem steilen Winkel abwerfen. Probiere die verschiedenen Möglichkeiten aus.

Die Greifstelle

Auch die Stelle, an der du den Flieger beim Abwurf festhältst (weiter vorn oder etwas weiter hinten) beeinflusst die Flugbahn.

Die Abwurfgeschwindigkeit

Einige Flieger kannst du mit viel Schwung starten, andere solltest du etwas behutsamer abwerfen. Auch hier solltest du testen, auf welche Weise es bei deinem Flieger am besten gelingt.

Großes Wettfliegen

Welcher Flieger fliegt …

A … am nächsten zu einem Ziel?

B … am besten geradeaus?

C … die schönsten Kurven?

D … die kühnsten Loopings?

E … am höchsten?

F … am weitesten?

Schreibe die passenden Buchstaben (A bis F) in die kleinen Kreise auf der Zeichnung.

Wer ist der beste Hobbypilot?

Wenn die Sonne scheint und kein starker Wind weht, ist ideales Flugwetter. Zur großen Flugschau kommen alle Papierfalter und Hobbypiloten mit ihren selbst gefalteten Papierfliegern. Dort zeigen sie ihr Können. Das Wettfliegen erfolgt nach den Disziplinen A bis F. Bei schlechtem Wetter lassen sich die Flugwettbewerbe in einem großen Raum austragen.

TIERE

Katze

Du brauchst:

ein etwas größeres quadratisches Blatt (aus einem DIN-A3-Blatt zuschneiden; siehe Seite 7), ein Lineal, einen Bleistift

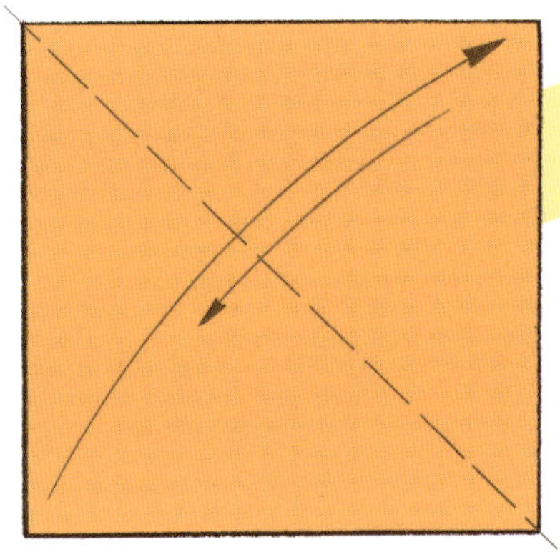

1

Falte zuerst zwei Ecken aufeinander und öffne die Faltung wieder.

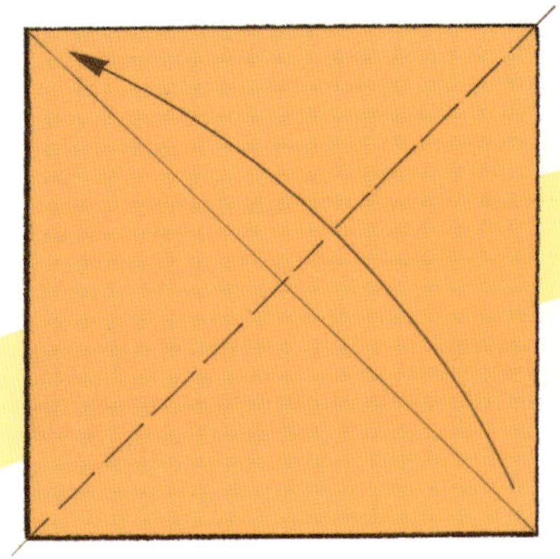

2

Falte jetzt die beiden anderen Ecken aufeinander.

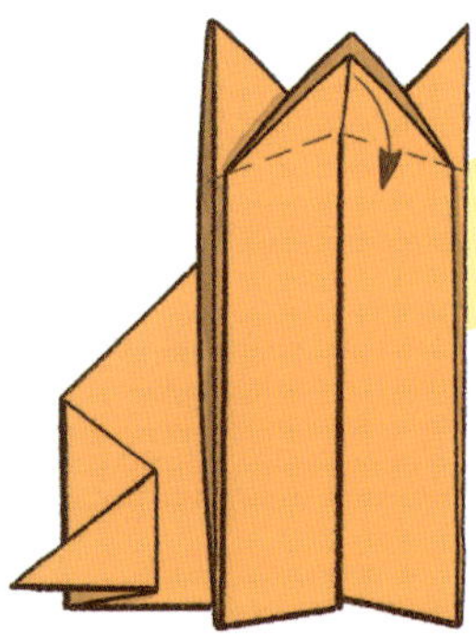

10

Falte dann das aus zwei Lagen bestehende obere Dreieck nach unten; dabei wird der Kopf der Katze sichtbar. Nun noch die Öhrchen ausformen – fertig!

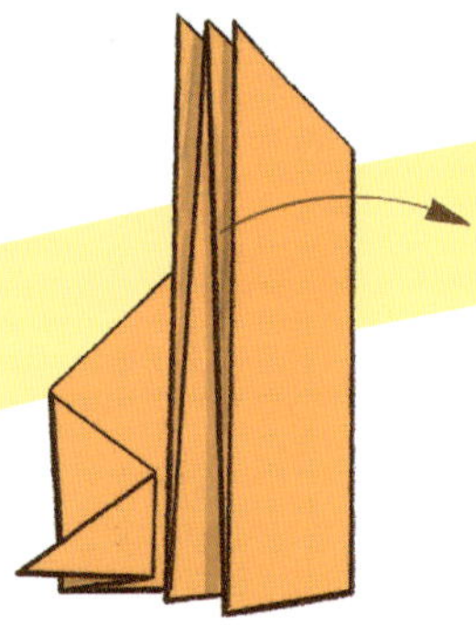

9

Falte die oberen vier Papierlagen des rechten Streifens wieder zurück nach rechts.

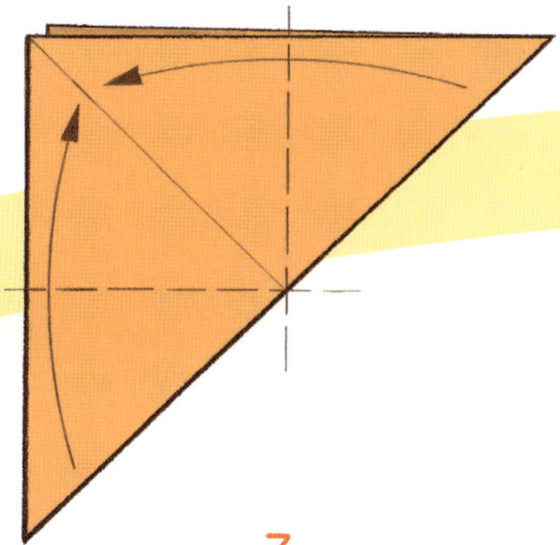

3

Falte die beiden spitzen Ecken zur stumpfen Ecke.

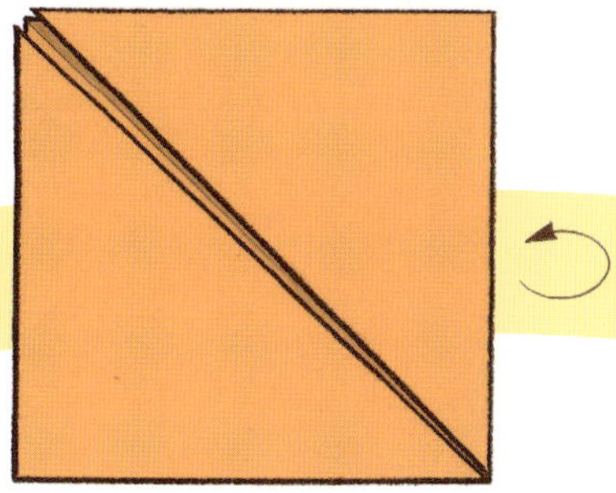

4

Wende das Faltmodell.

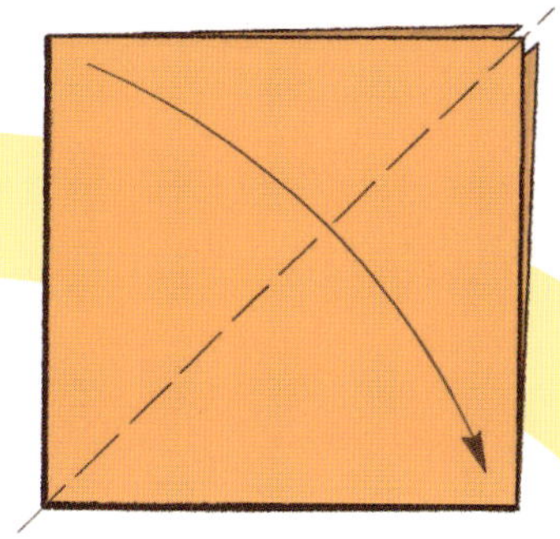

5

Falte nun die linke obere Ecke zur rechten unteren Ecke.

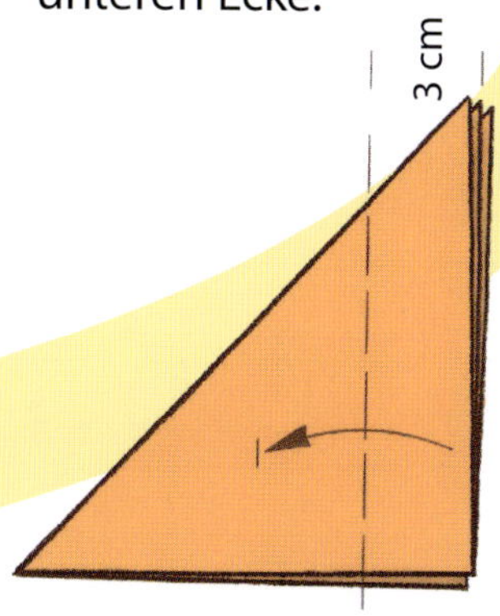

6

Markiere dir einen 3 cm breiten Streifen und falte ihn von der rechten Seite nach links um.

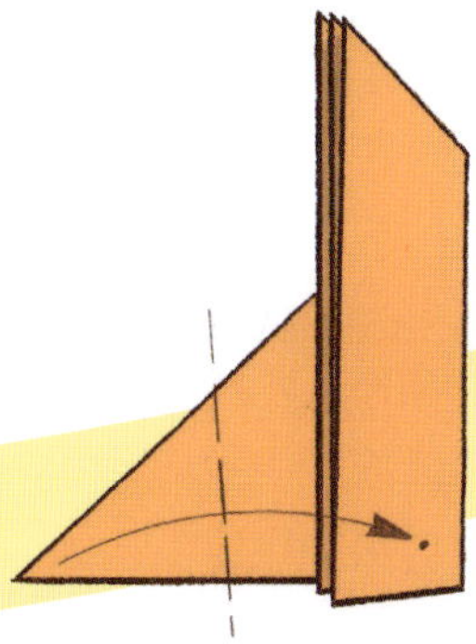

7

Falte die linke Ecke über die gestrichelte Linie nach rechts. So entsteht der Katzenschwanz.

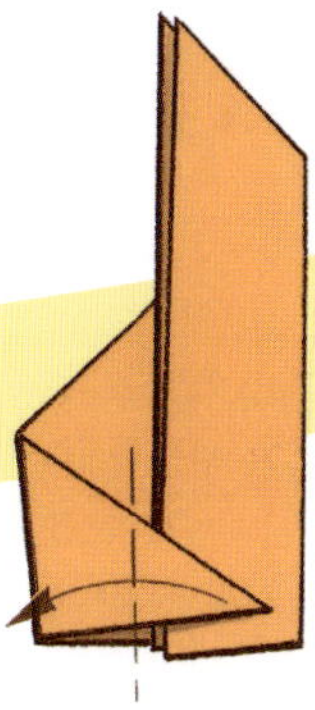

8

Falte ein kleines Dreieck wieder zurück.

Tipp

Wer mag, kann noch aus Papier zwei Augen und eine Schnauze anfertigen, bemalen und aufkleben.

Flunder & Fledermaus

Du brauchst:

ein quadratisches Blatt (siehe Seite 7)

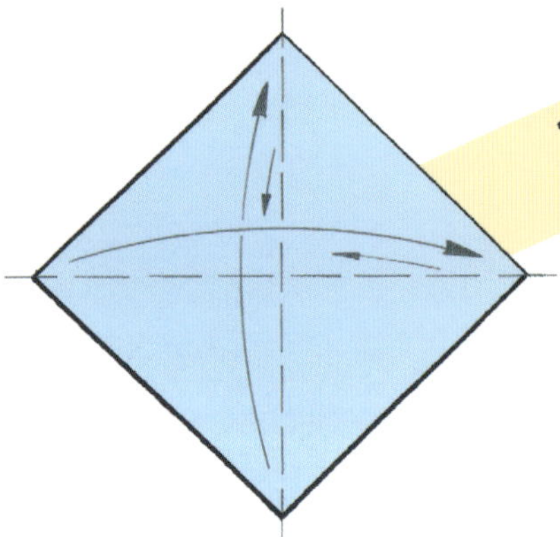

1

Falte zuerst die Ecken aufeinander. Öffne die Faltungen jeweils wieder.

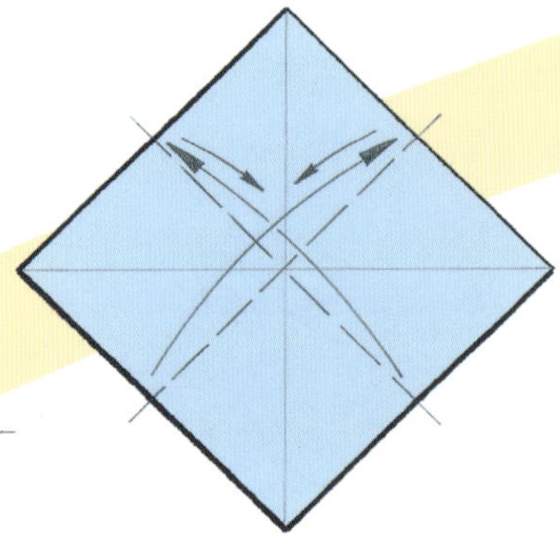

2

Falte dann die Kanten aufeinander. Öffne auch diese Faltungen wieder.

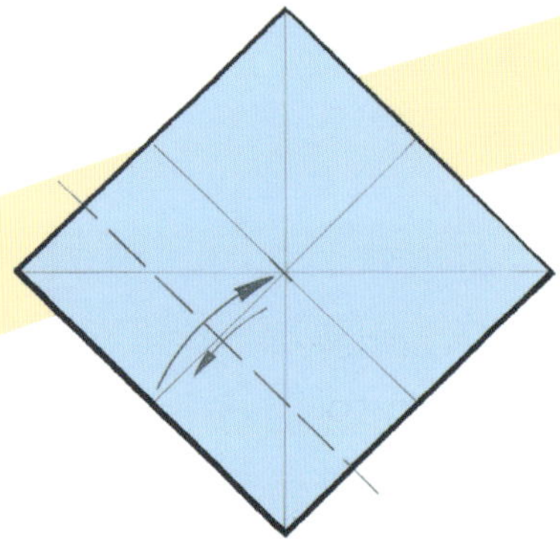

3

Falte eine Kante zur gefalzten Mittellinie und öffne die Faltung wieder.

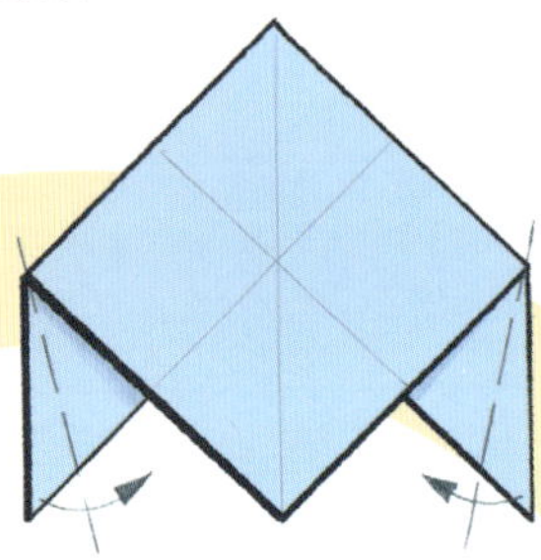

12

Falte einen Teil der äußeren Ecken wie abgebildet nach innen um. So entstehen die Flossen für die Flunder.

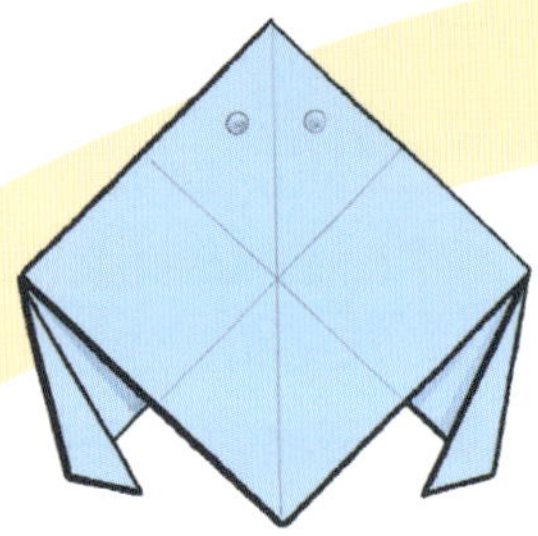

13

Die Flunder kann nun davonschwimmen – oder du verwandelst sie in eine Fledermaus.

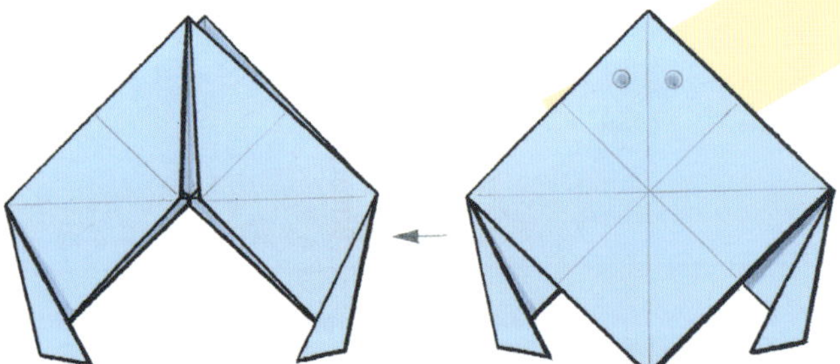

Fledermaus

Flunder

14

Mit nur einer zusätzlichen Faltung kannst du die Flunder in eine Fledermaus verwandeln. Findest du die Lösung?

Tipp

Wer mag, kann noch Augen (und für die Fledermaus einen roten Mundrachen) aus Papier zuschneiden, bemalen und aufkleben.

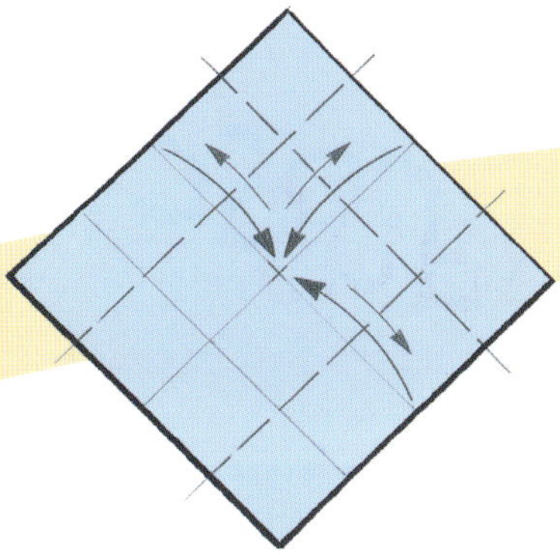

4
Falte die drei anderen Kanten genauso.

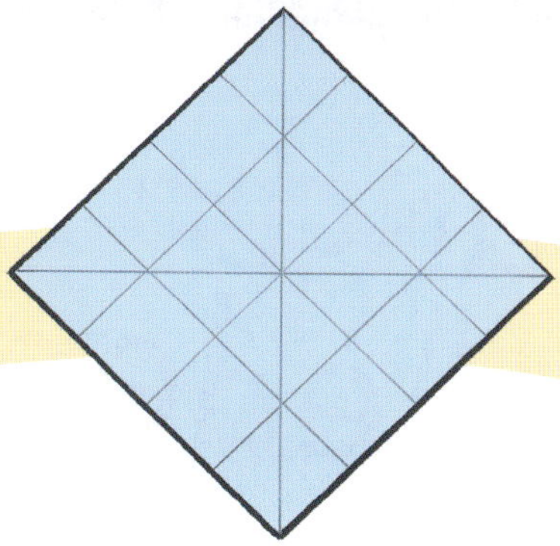

5
Nun sieht dein vorgefaltetes Blatt so aus.

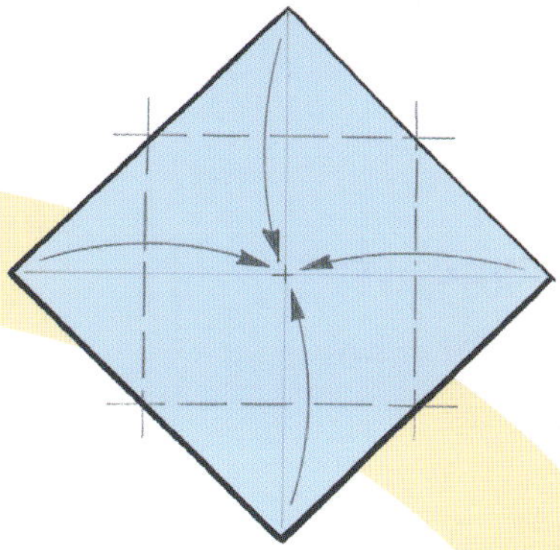

6
Falte jetzt die vier Ecken zur Mitte.

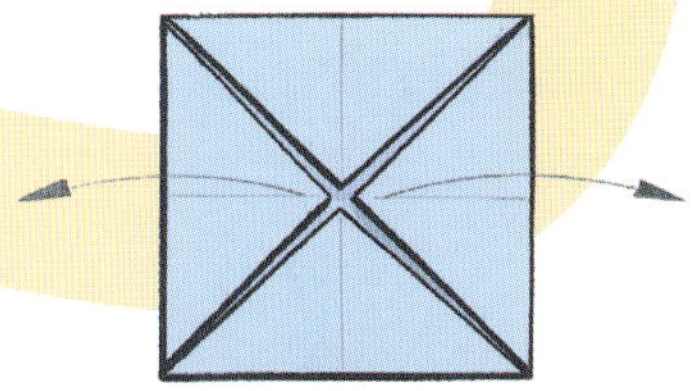

7
Falte die linke und die rechte Ecke wieder zurück nach außen.

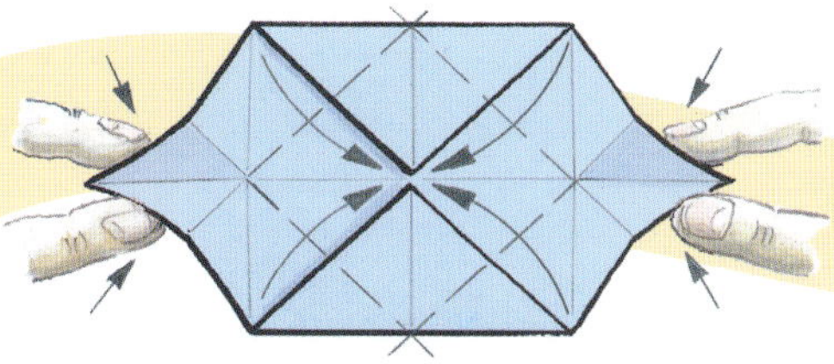

8
Drücke die linke und die rechte Ecke mit Daumen und Zeigefinger zusammen.

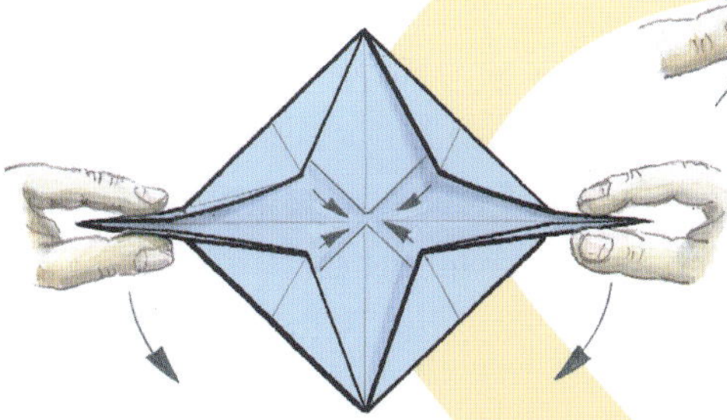

9
Führe beide Ecken erst etwas zueinander …

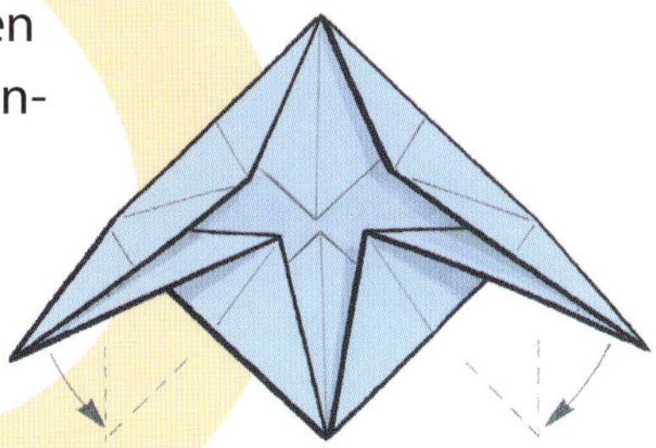

10
… und dann vorsichtig nach unten.

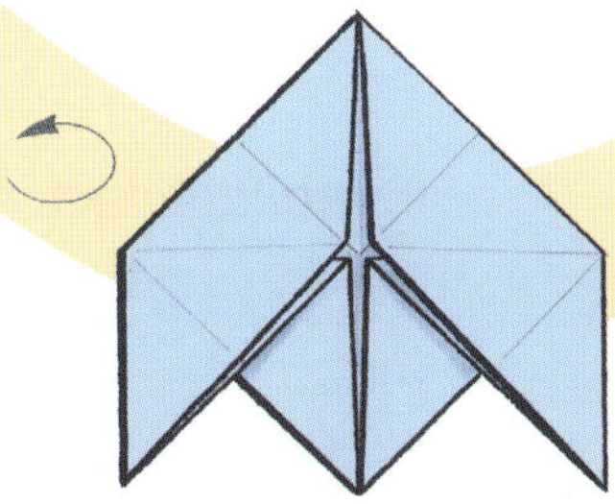

11
Streiche mit der Hand das Papier glatt und wende das Faltmodell.

Schmetterling & Frosch

Du brauchst für den Schmetterling:

ein quadratisches Blatt (siehe Seite 7), ein Lineal, einen Bleistift

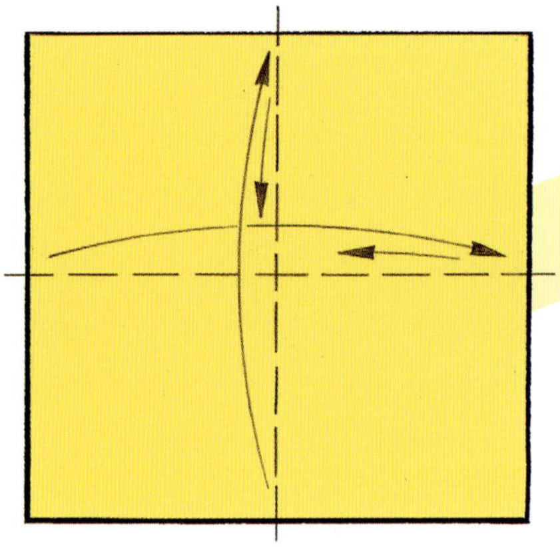

1
Falte zuerst jeweils die Kanten aufeinander. Öffne die Faltung wieder und wende das Blatt.

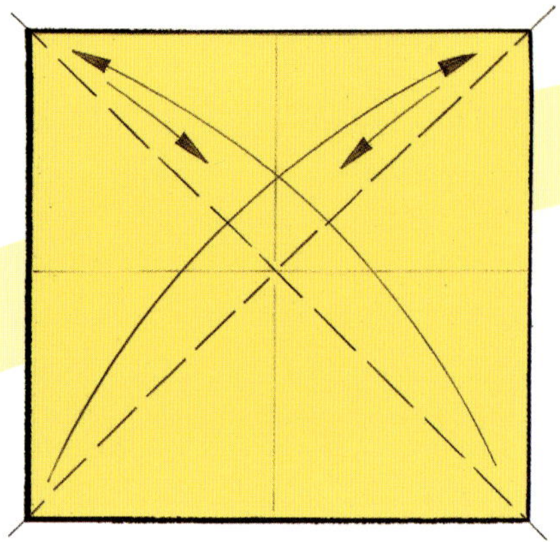

2
Falte nun jeweils die Ecken aufeinander und öffne die Faltung wieder.

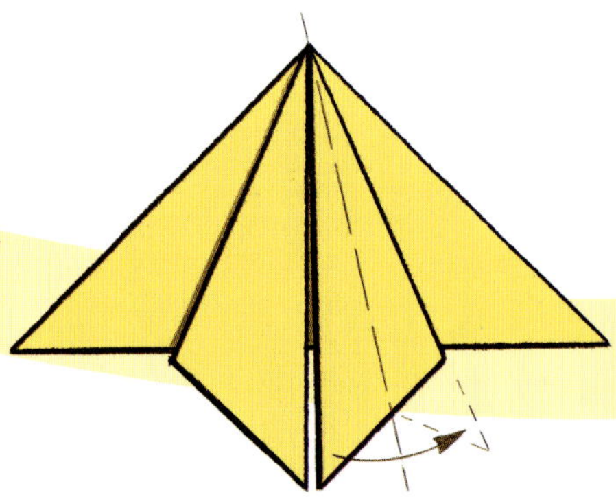

10
Falte die Kante zur Hälfte wieder zurück.

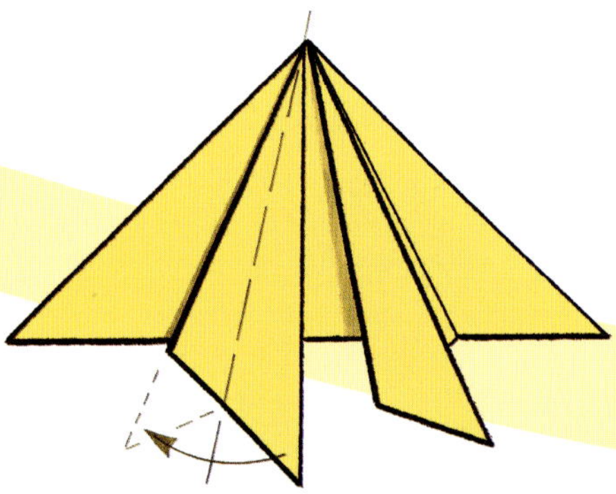

11
Falte links ebenso zurück.

12
Nun ist der Schmetterling fertig!

Weiter geht's auf Seite 32

Tipp
Wer mag, kann die Schmetterlingsflügel noch verzieren.

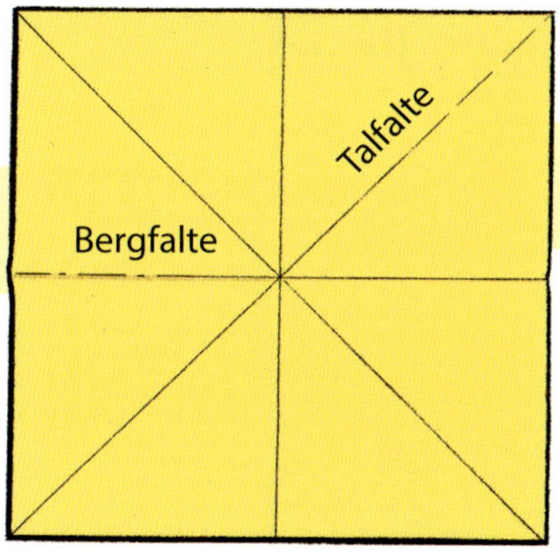

3
So sieht dein vorgefaltetes Blatt aus.

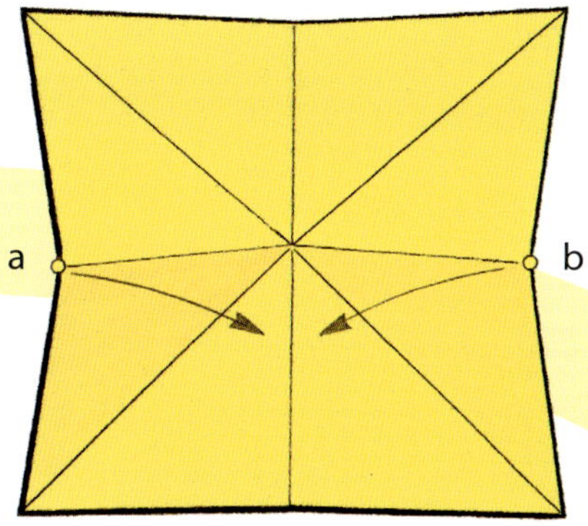

4
Ziehe mit beiden Händen gleichzeitig die Punkte „a“ und „b“ nach vorn zusammen …

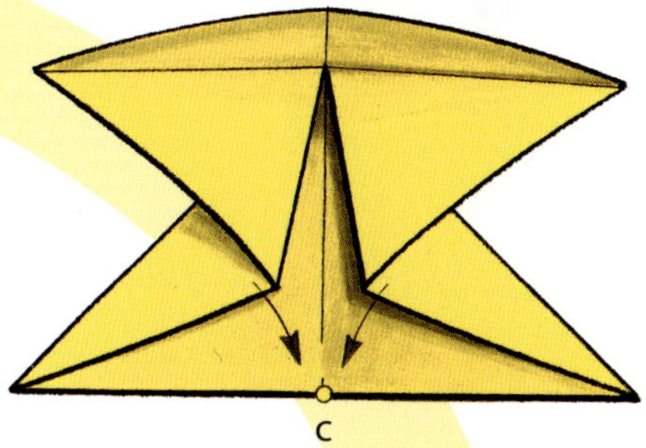

5
… und dann nach unten auf den Punkt „c“.

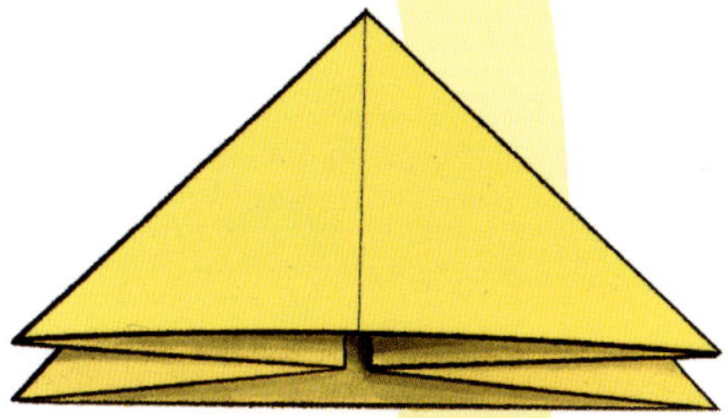

6
Dabei entsteht ein doppeltes Dreieck.

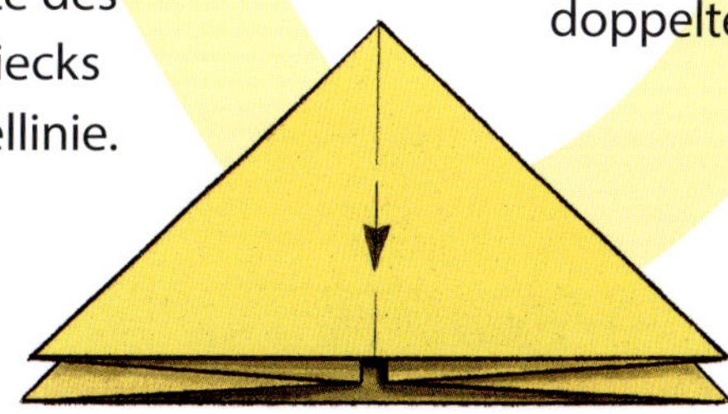

7
Drücke das Dreieck fest zusammen.

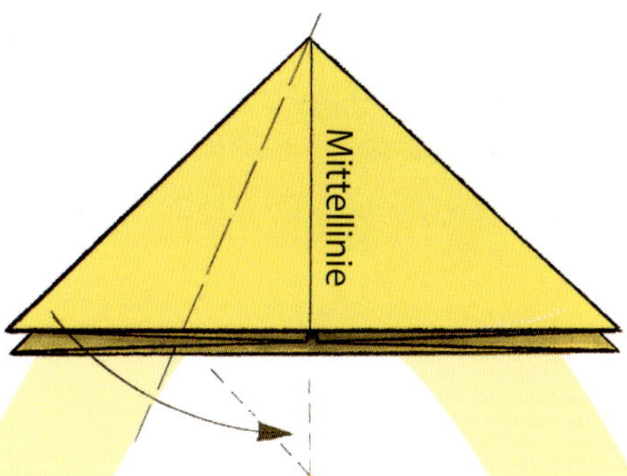

8
Falte die linke Kante des aufliegenden Dreiecks zur gefalzten Mittellinie.

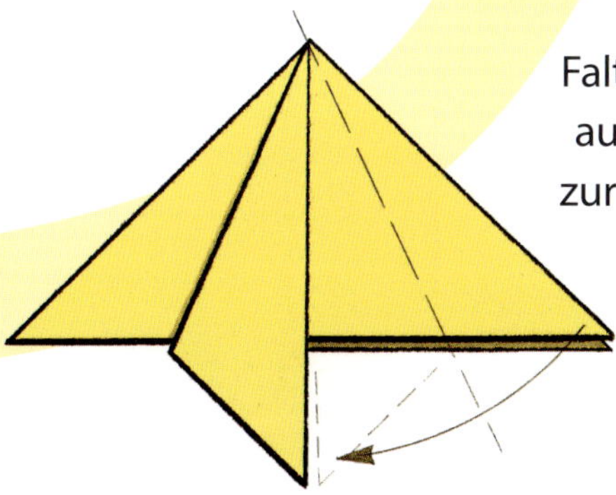

9
Falte auch die rechte Kante des Dreiecks zur Mittellinie.

Du brauchst für den Frosch:

ein quadratisches Blatt (siehe Seite 7), einen Bleistift, ein Lineal

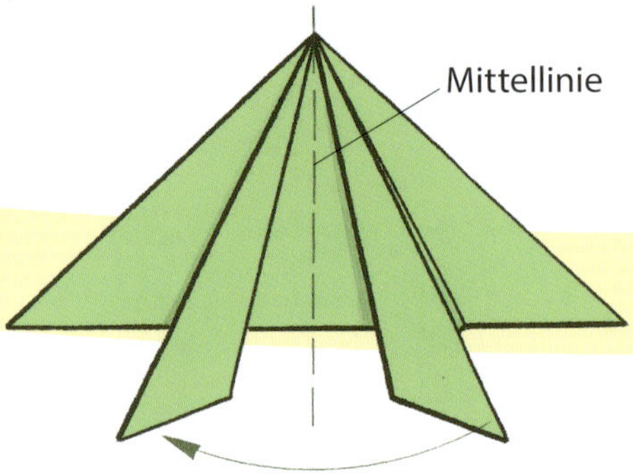

13

Aus dem Schmetterling kannst du nun einen Frosch falten. Schlage dazu das rechte Beinchen über die gefalzte Mittelinie auf das linke Beinchen.

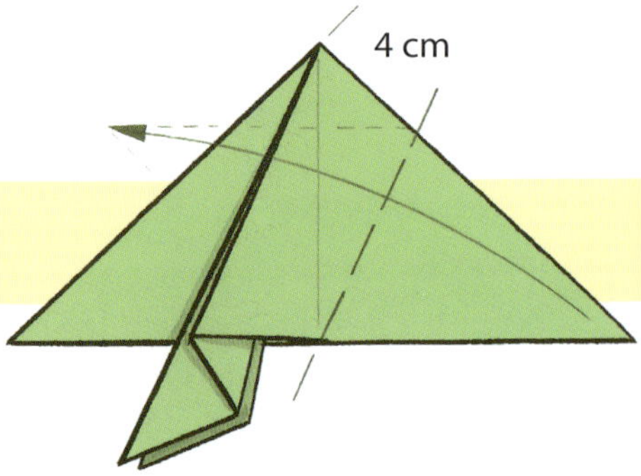

14

Markiere dir eine Faltlinie und falte die rechte Ecke wie abgebildet nach links.

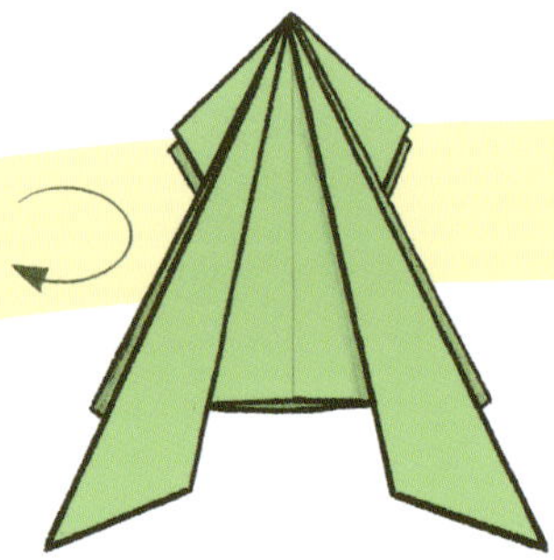

21

Nun liegt der Frosch auf dem Rücken. Drehe den Frosch um.

22

Ziehe noch die Vorderbeinchen unter dem Körper hervor – und fertig ist dein Frosch.

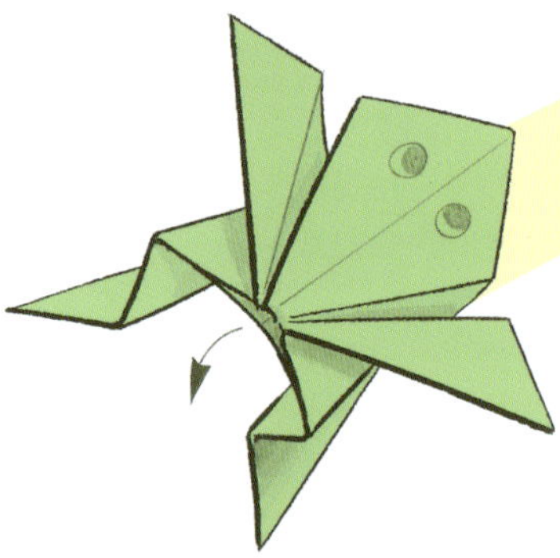

23

Der Frosch beginnt zu hüpfen, wenn du mit deinem Zeigefinger seinen Po nach unten drückst und gleich wieder loslässt.

Tipp

Wer mag, kann noch Augen und eine Zunge aus Papier zuschneiden, bemalen und aufkleben.

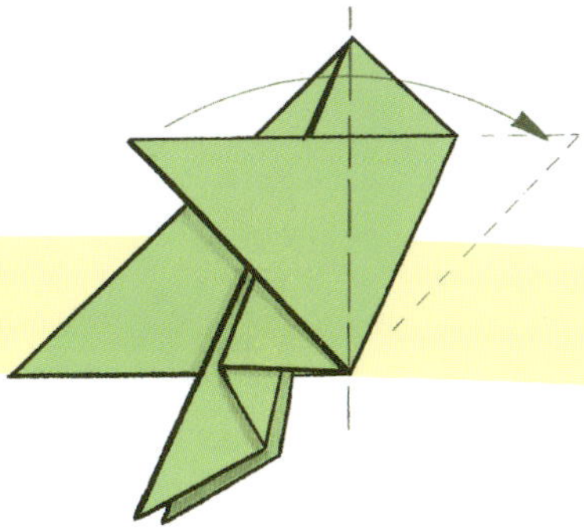

15
Schlage dieselbe Ecke, diesmal über die Mittellinie, zurück nach rechts …

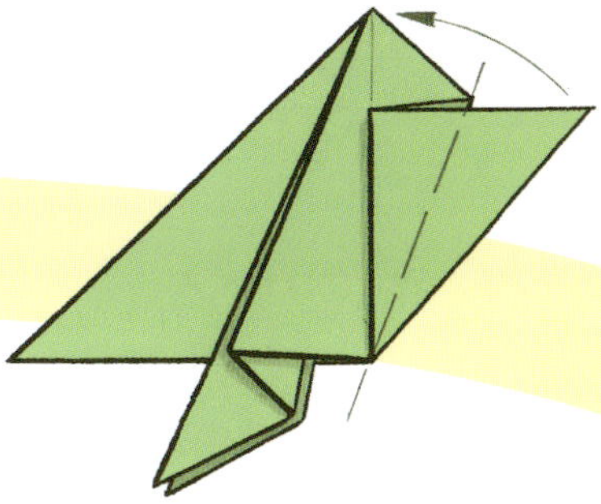

16
… und dann – wie abgebildet – nach oben zur Spitze.

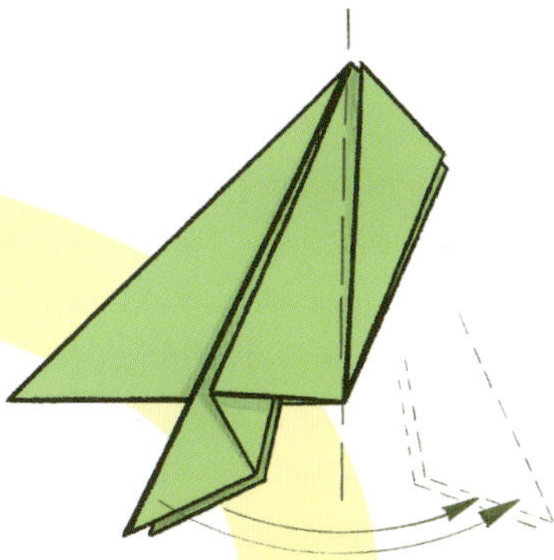

17
Lege die beiden aufliegenden Beinchen nach rechts…

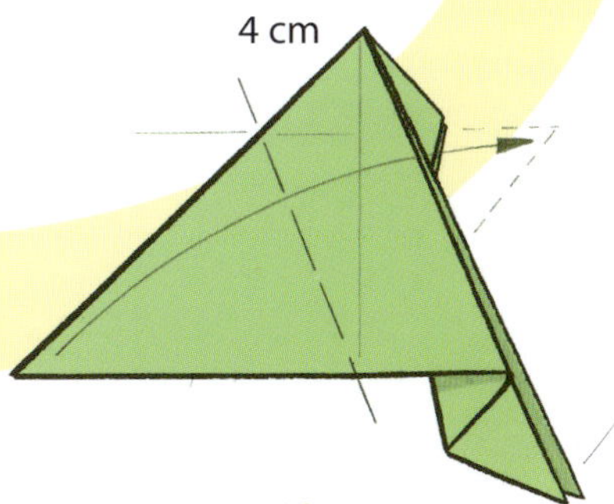

18
… und falte die linke Ecke genauso wie vorher die rechte Ecke, …

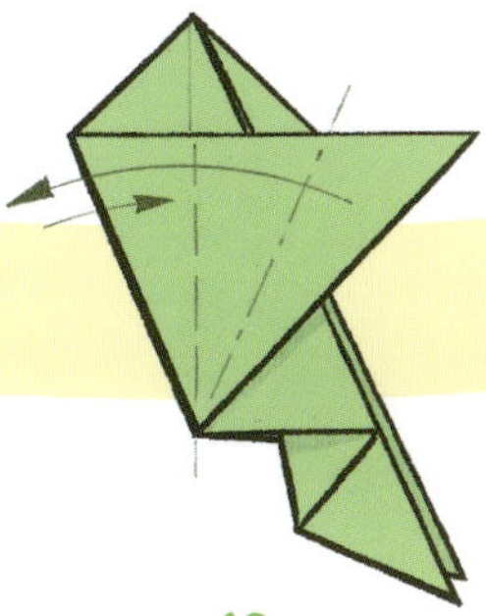

19
… nur seitenverkehrt!

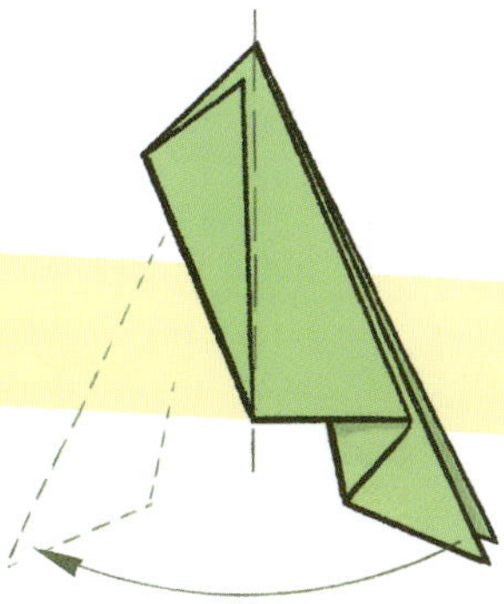

20
Schlage nun das obere Beinchen über die Mittellinie nach links.

Ente & Schwan

Du brauchst für die Ente:

ein quadratisches Blatt (siehe Seite 7), ein Lineal, einen Bleistift

1

Falte das Blatt zuerst Ecke auf Ecke …

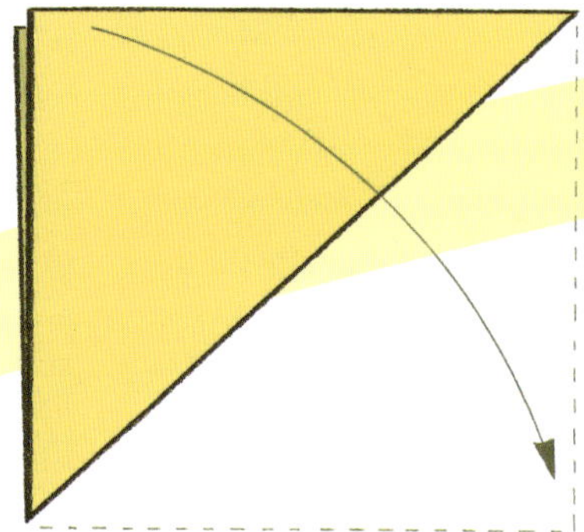

2

… und öffne die Faltung wieder.

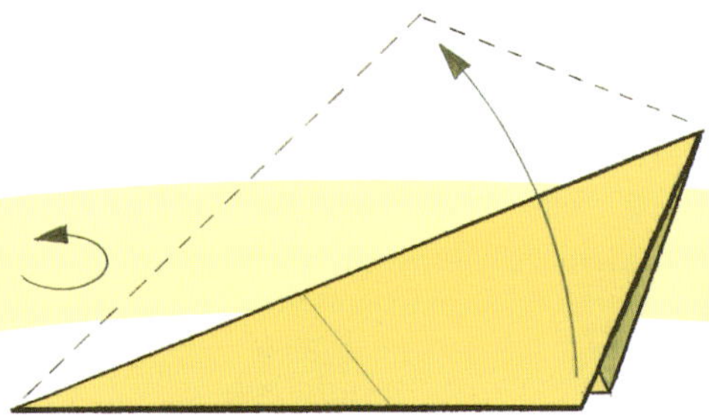

8

Öffne das Faltmodell wieder zum Drachen. Wende das Faltmodell.

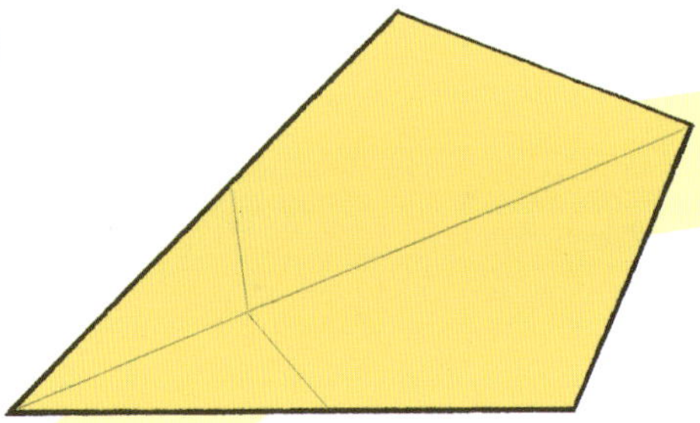

9

Jetzt sieht dein Faltmodell so aus.

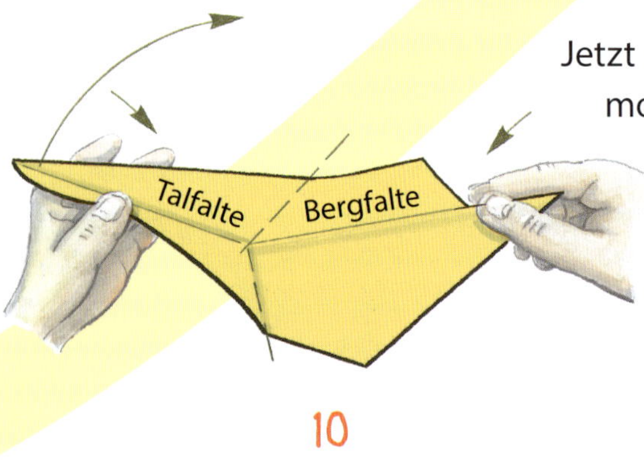

10

Nimm den Drachen in die Hand und drücke die linke Ecke mit einem Gegenknick nach oben.

Weiter geht's auf Seite 36

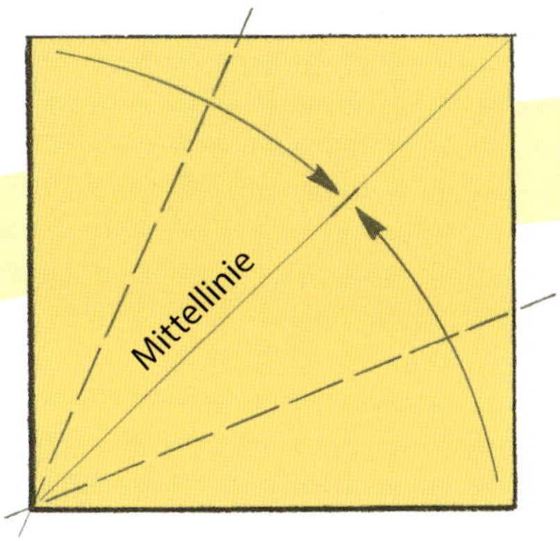

3
Falte dann zwei Ecken zur gefalzten Mittellinie.

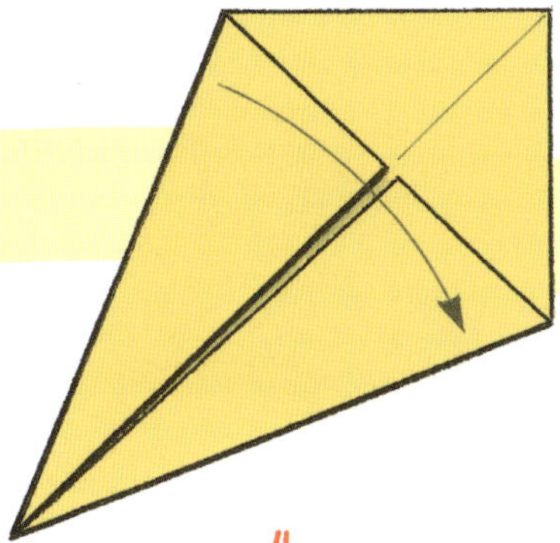

4
Jetzt ist ein Drachen entstanden. Falte den Drachen einmal über die Mittellinie.

5
Nun sieht dein Faltmodell so aus.

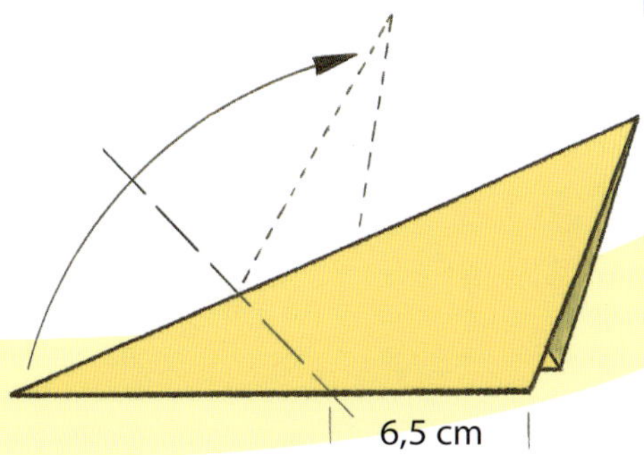

6
Falte jetzt den Entenhals: Hierfür markierst du dir zuerst eine Faltlinie, dann faltest du die linke spitze Ecke über diese gestrichelte Linie nach oben …

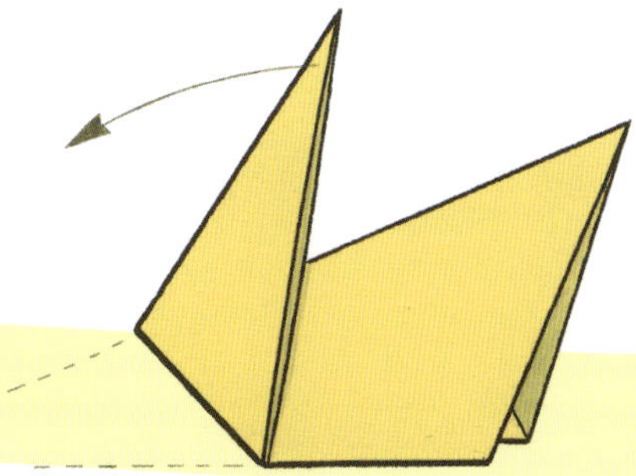

7
… und dann wieder zurück.

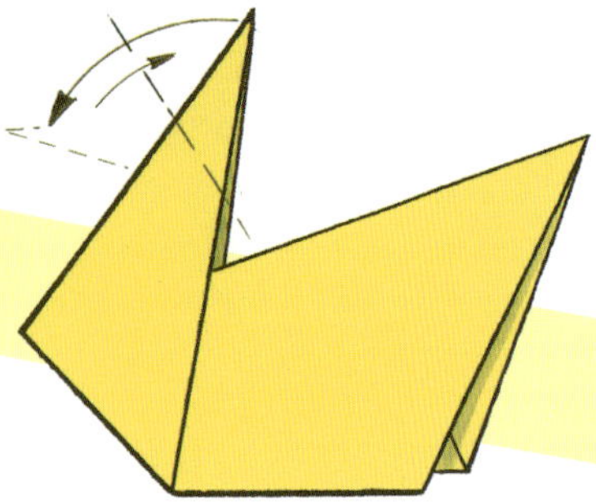

11

Nun ist der Kopf dran. Falte die obere Spitze – wie den Hals – erst über die gestrichelte Linie und dann wieder zurück.

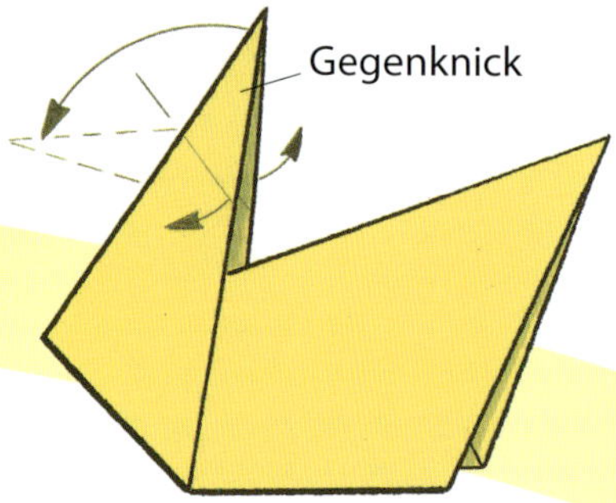

12

Falte jetzt die obere Spitze, also den Kopf, mit einem Gegenknick nach links.

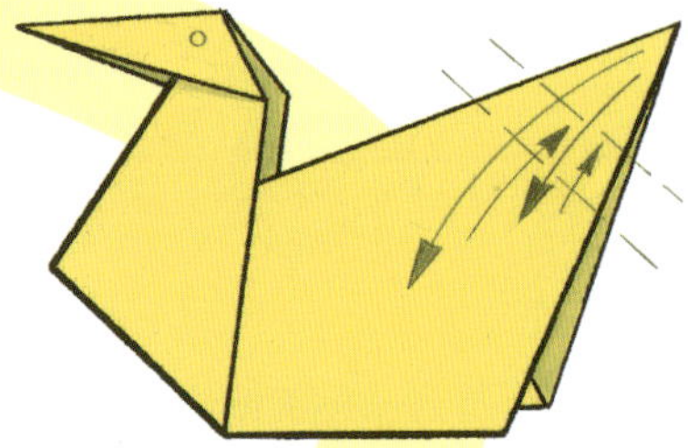

13

Nun kannst du mit zwei Gegenknicken der Ente ein Schwänzchen falten. Falte dazu erst wieder vor.

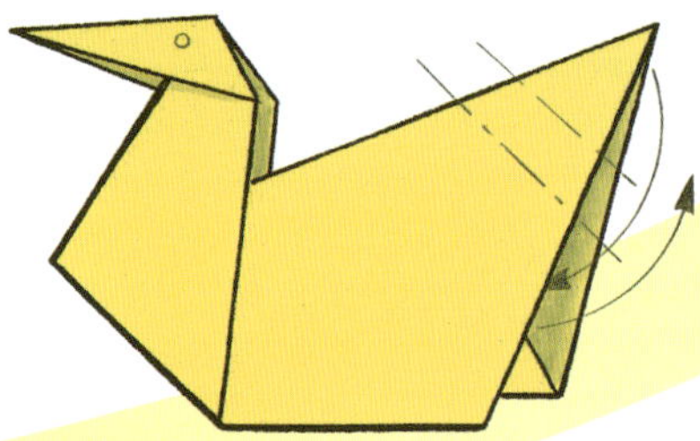

14

Falte dann das größere Dreieck im Gegenknick nach innen ein. Falte zuletzt das kleinere Dreieck im Gegenknick zurück nach außen.

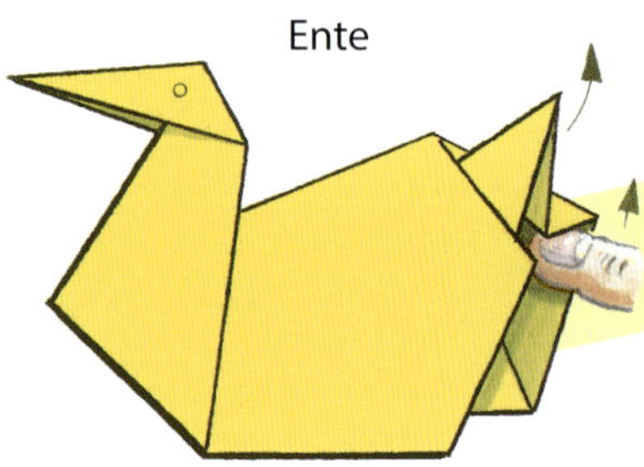

15

Wenn du mit dem Finger das kleine Dreieck nach oben drückst (die Ente dabei festhalten), wackelt die Ente mit ihrem Schwänzchen.

Tipp

Wer mag, kann noch einen Schnabel und zwei Augen aufmalen.

Du brauchst für den Schwan:

ein quadratisches Blatt (siehe Seite 7), ein Lineal, einen Bleistift

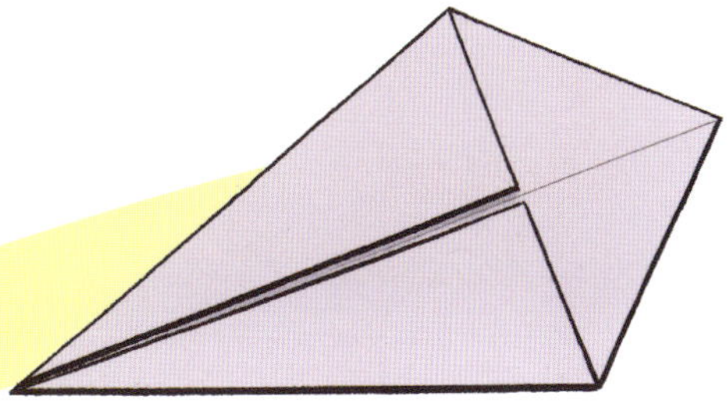

1

Falte – wie bei der Ente –, bis ein Drachen entsteht (Faltschritt 4).

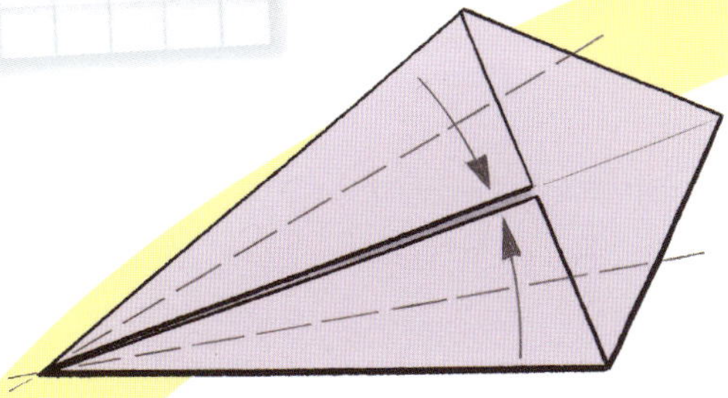

2

Falte die beiden Außenkanten zur gefalzten Mittellinie.

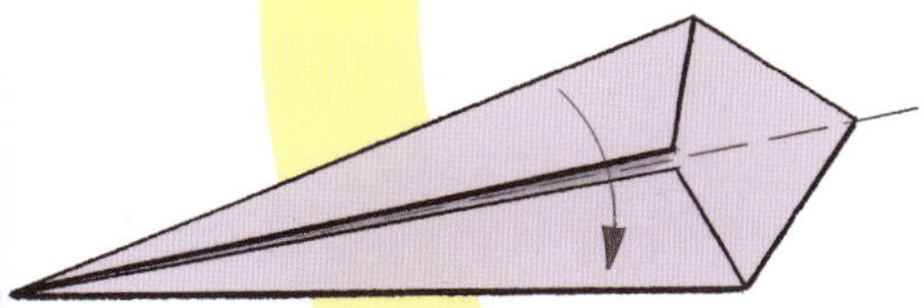

3

Falte nun über die Mittellinie.

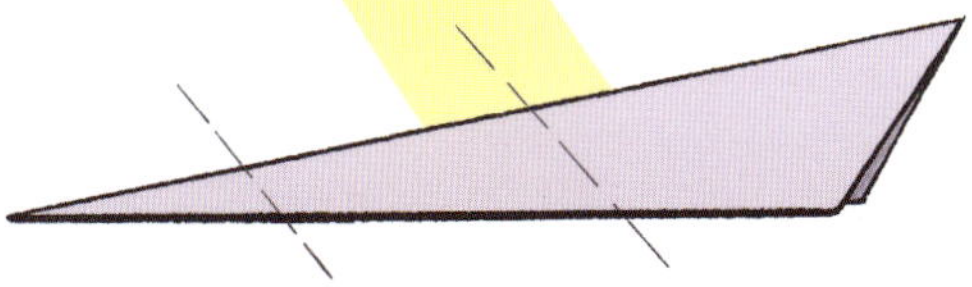

4

Falte weiter wie bei der Ente (ab Faltschritt 6). Achte darauf, dass dein Schwan einen langen Hals bekommt.

Tipp

Wer mag, kann noch einen Schnabel und zwei Augen aufmalen.

HÜTE

Ganovenkappe

Du brauchst:

ein großes rechteckiges Blatt, ca. 40 x 55 cm (wenn du den Hut aufsetzen möchtest)

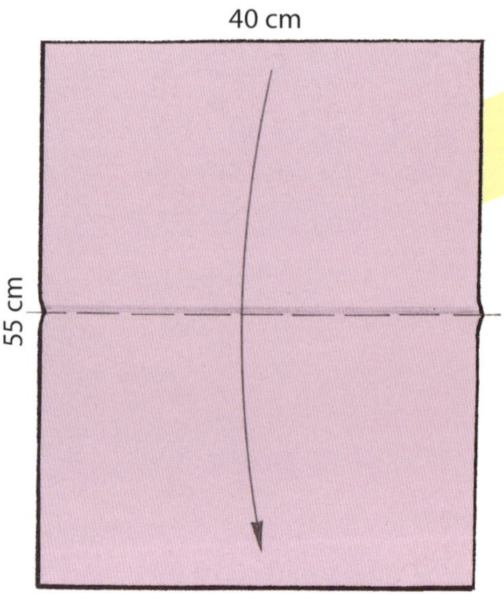

1

Falte zuerst die obere Kante auf die untere Kante.

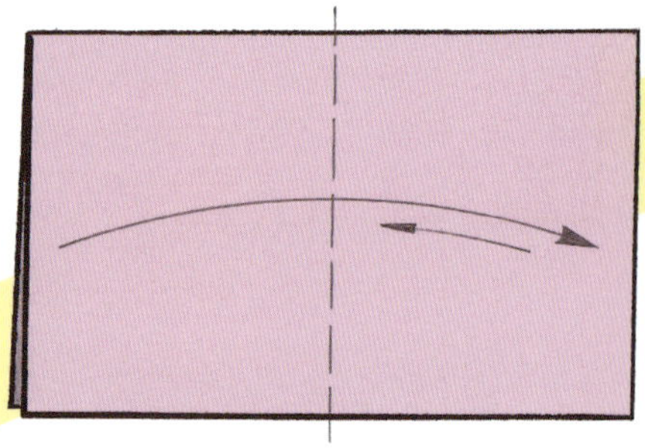

2

Falte dann die linke Kante auf die rechte Kante und öffne die Faltung wieder.

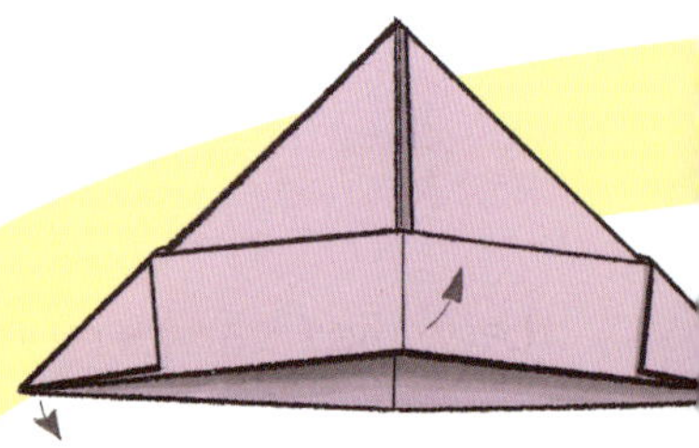

8

Führe die unteren Hutenden zusammen.

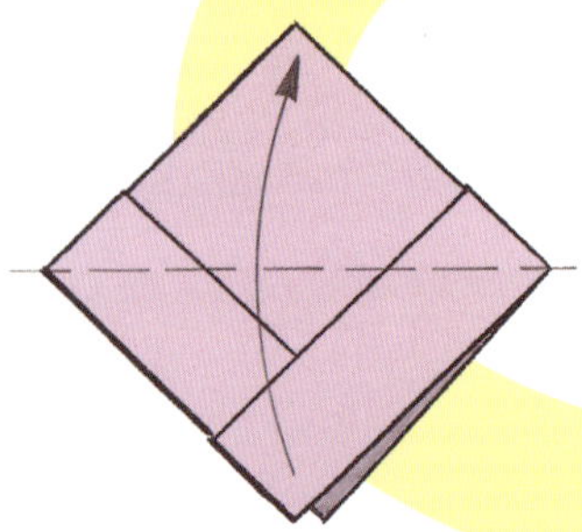

9

Falte die aufliegende untere Ecke nach oben.

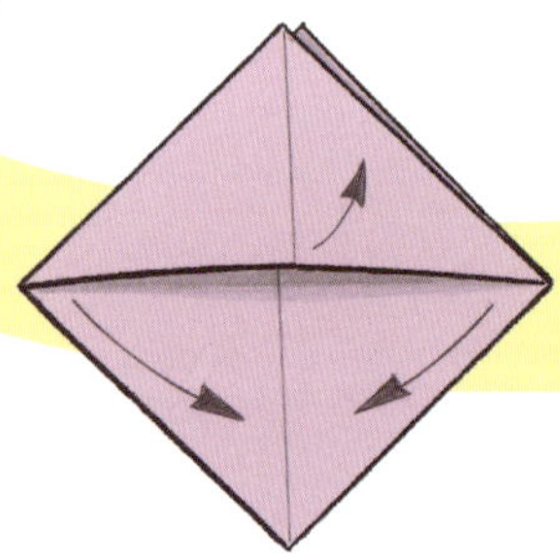

10

Führe die seitlichen Hutenden wieder zusammen.

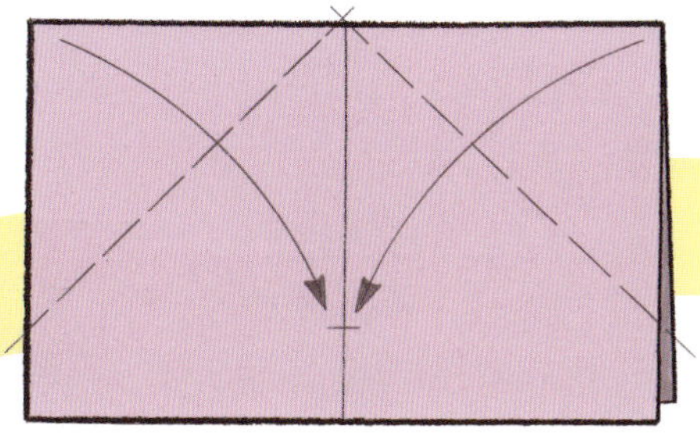

3

Falte die oberen Ecken zur gefalzten Mittellinie.

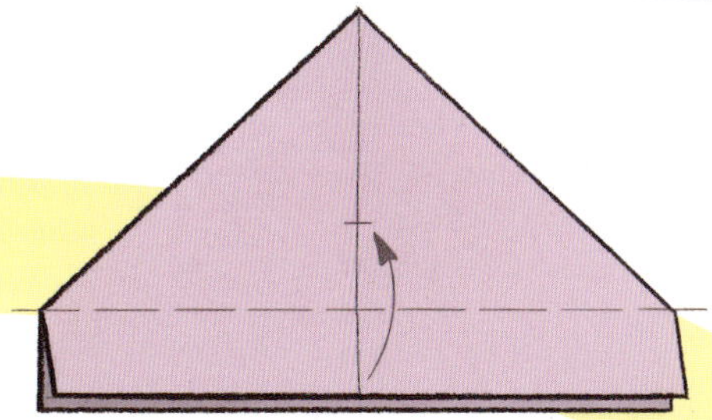

4

Falte den aufliegenden unteren Streifen über die beiden Dreiecke nach oben.

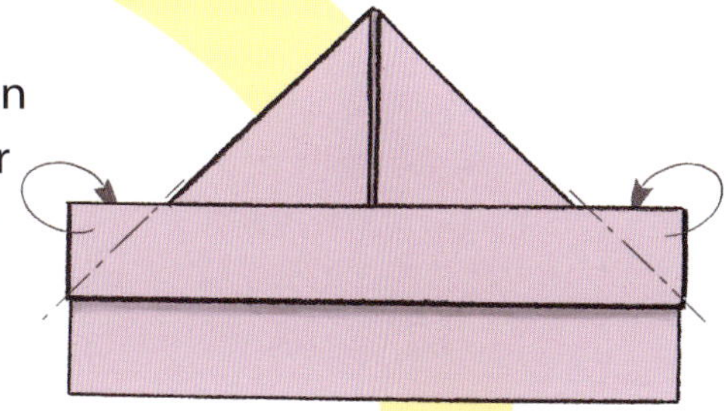

5

Falte die beiden überstehenden Ecken nach hinten um. Wende das Faltmodell.

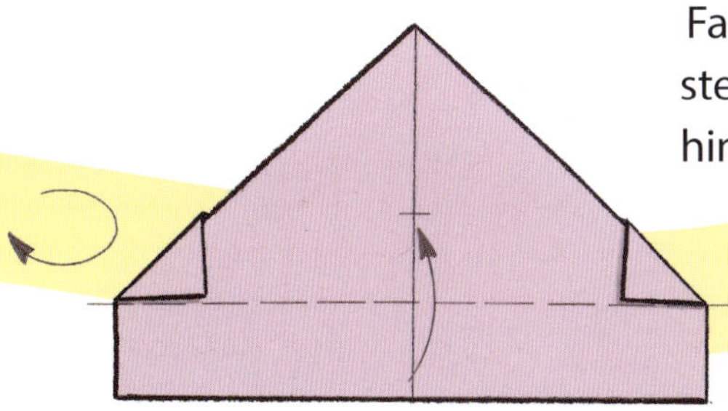

6

Falte den zweiten Streifen über die Ecken nach oben. Wende das Modell wieder.

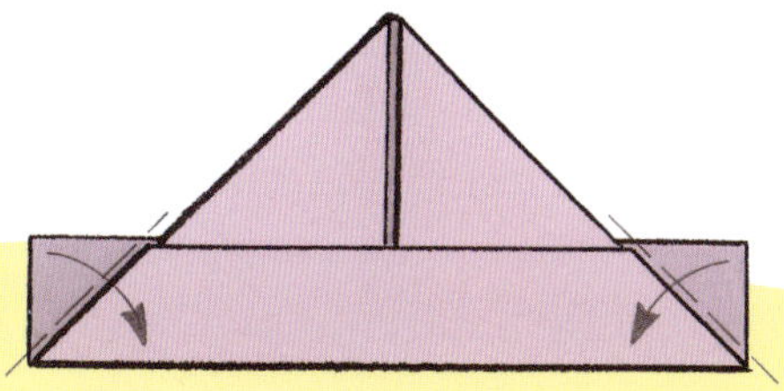

7

Lege die überstehenden Ecken nach vorn.

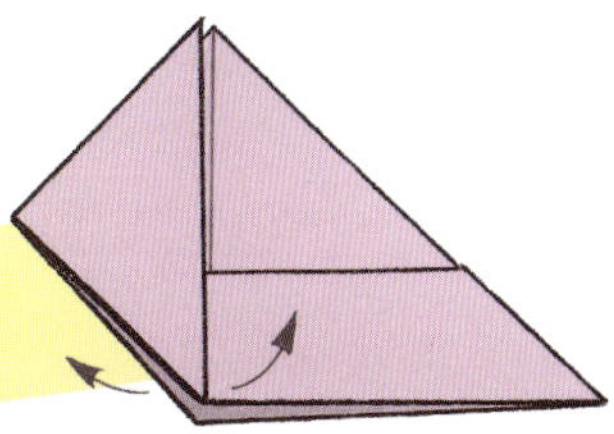

11

Nun kannst du die Ganovenkappe öffnen und aufsetzen.

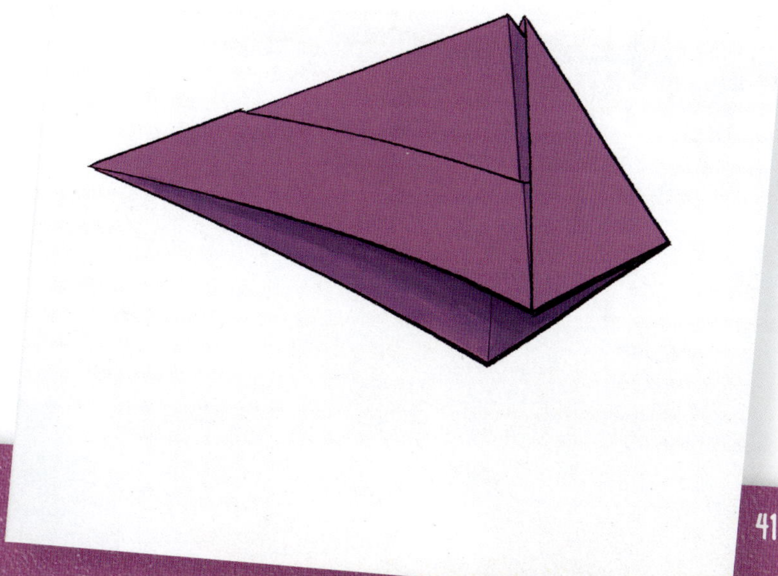

Detektivmütze

Du brauchst:

ein großes quadratisches Blatt, ca. 50 mal 50 cm (wenn du den Hut aufsetzen möchtest), ein Lineal, einen Bleistift

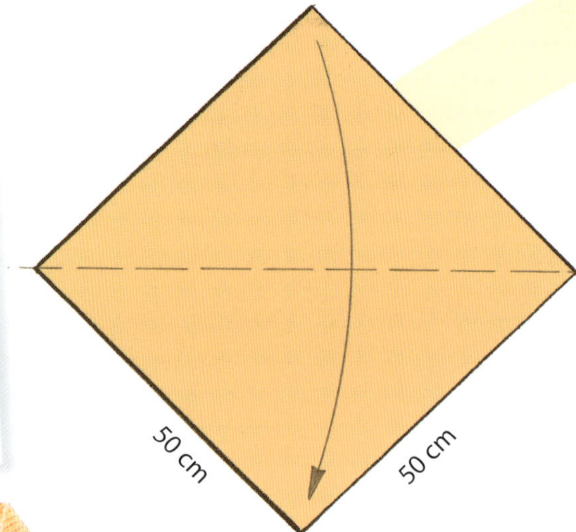

1

Falte zuerst die obere Ecke auf die untere Ecke.

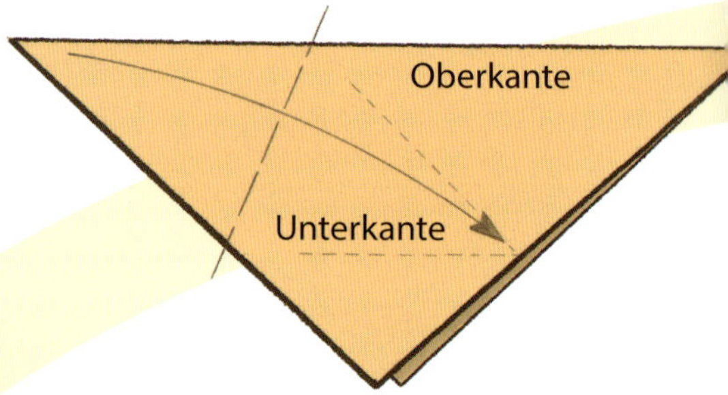

2

Falte die linke Ecke zur gegenüberliegenden Kante, und zwar so, dass die Unterkante der umgelegten Ecke parallel zur Oberkante verläuft.

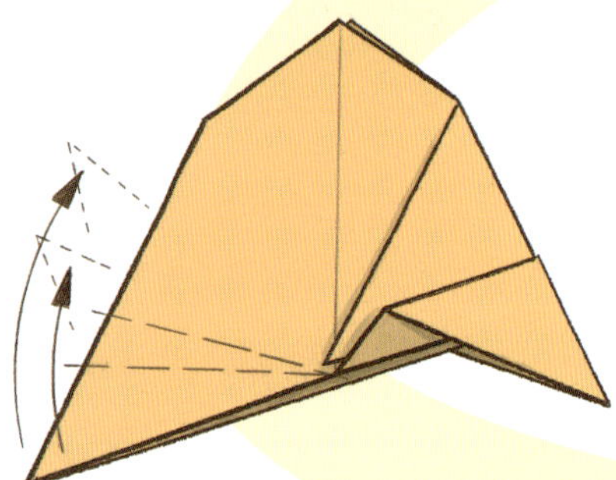

9

Falte den Schirm wie abgebildet zweimal vor. Öffne nach jedem Falten wieder.

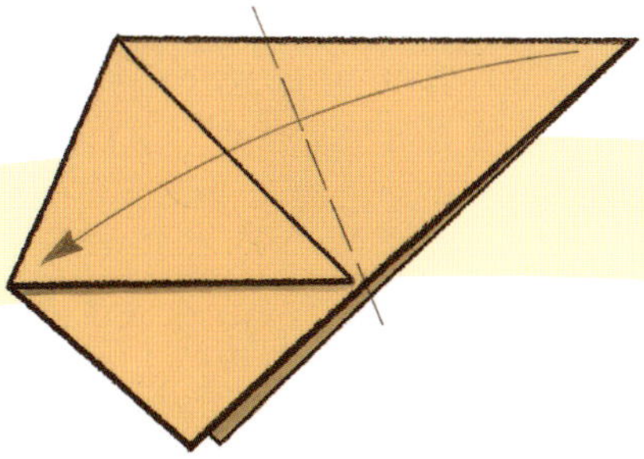

3

Falte die rechte Ecke genauso – diesmal nach links.

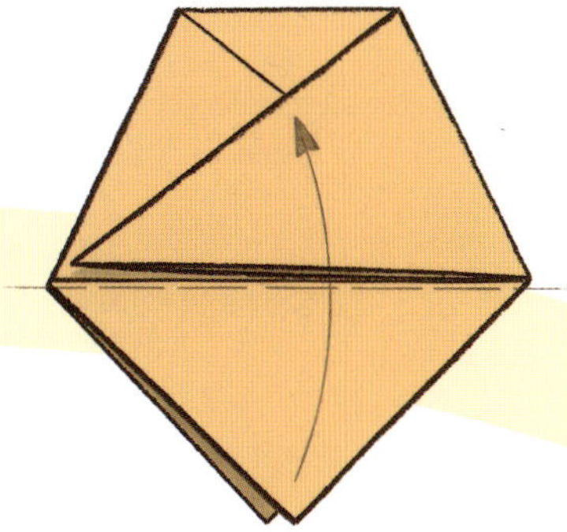

4

Falte das aufliegende untere Dreieck wie abgebildet nach oben.

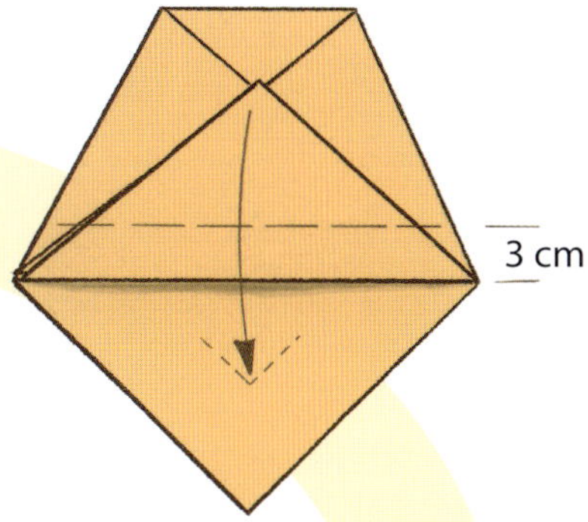

5

Markiere dir eine Faltlinie und falte das Dreieck über diese gestrichelte Linie zurück nach unten.

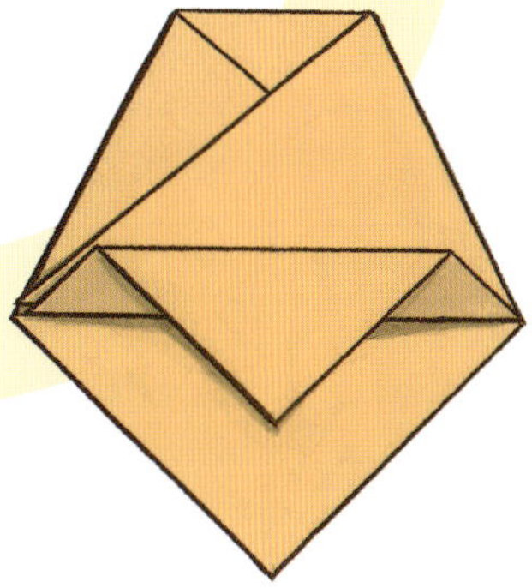

6

Jetzt sieht das Faltmodell so aus.

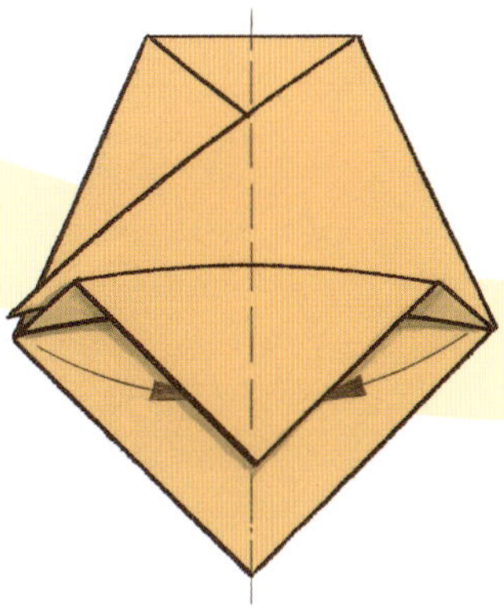

7

Öffne nun die Mütze: Hierfür greifst du von unten in die Mütze und führst die rechte und die linke Seite zusammen.

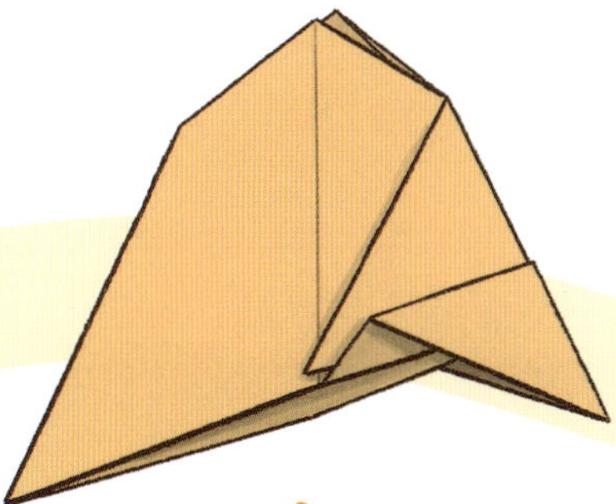

8

Lege das Faltmodell flach auf den Tisch und knicke die obere Kante nach innen ein.

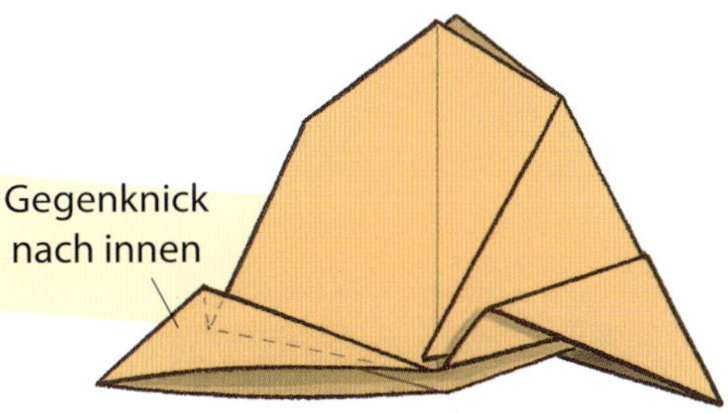

10

Öffne die Mütze und falte den Schirm vorsichtig mit einem Gegenknick nach innen, so wie es die Abbildung zeigt. Fertig!

Kapitänshut

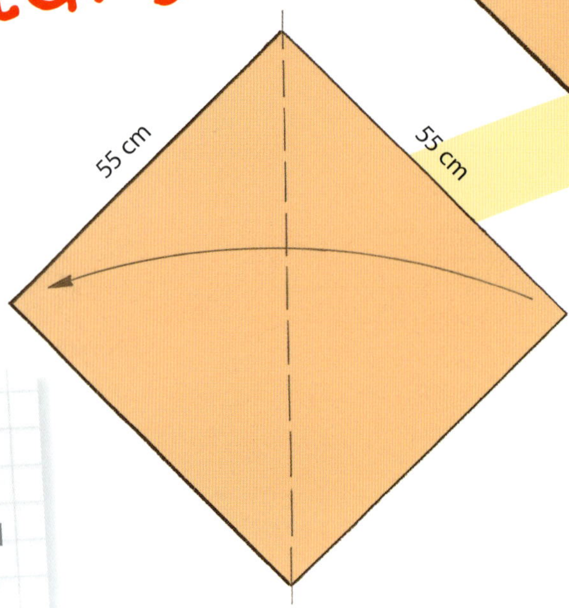

1
Falte zuerst Ecke auf Ecke.

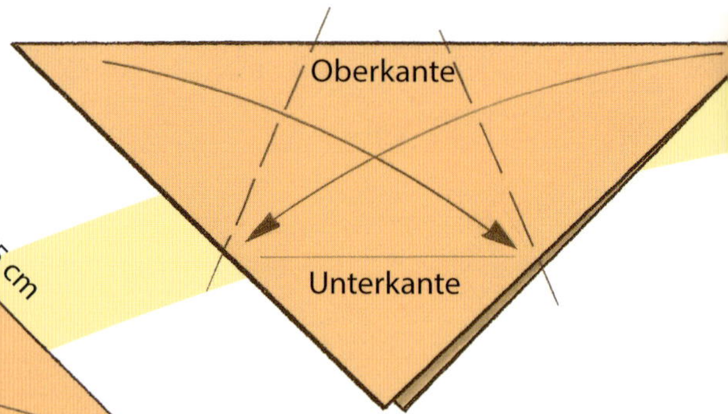

2
Falte beide obere Ecken wie abgebildet zu den jeweils gegenüberliegenden Kanten; dabei sollen die Unterkanten der umgelegten Ecken jeweils parallel zur Oberkante verlaufen.

Du brauchst:

ein großes quadratisches Blatt, ca. 55 mal 55 cm (wenn du den Hut aufsetzen willst)

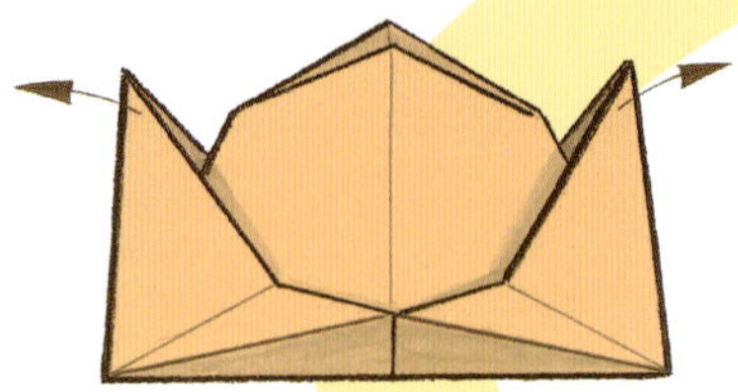

10
Ziehe die linke und die rechte Ecke nach außen.

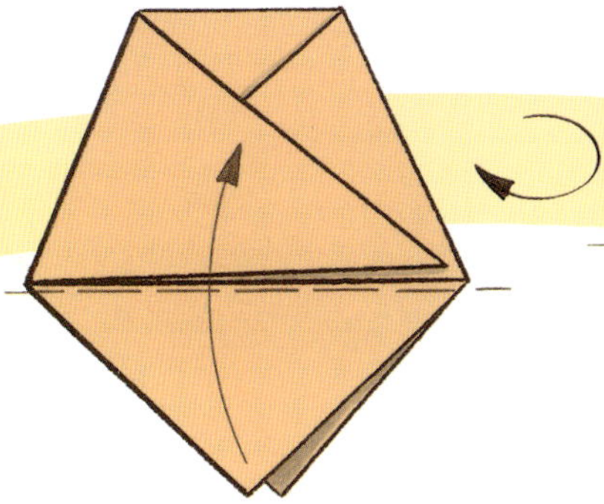

3
Falte das aufliegende untere Dreieck wie abgebildet nach oben und wende das Faltmodell.

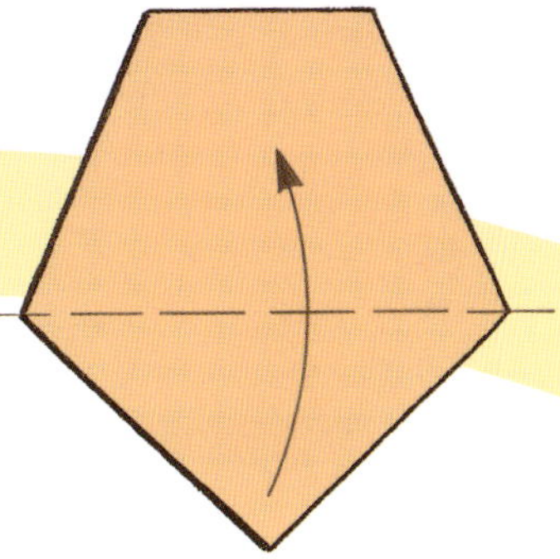

4
Falte auch das zweite untere Dreieck nach oben.

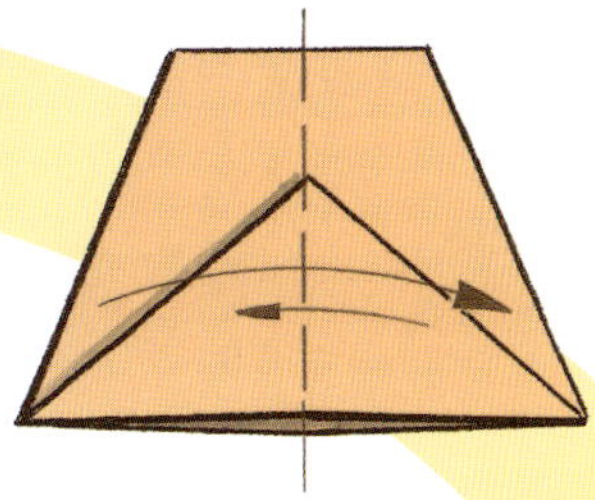

5
Falte die linke Hälfte auf die rechte Hälfte und öffne wieder.

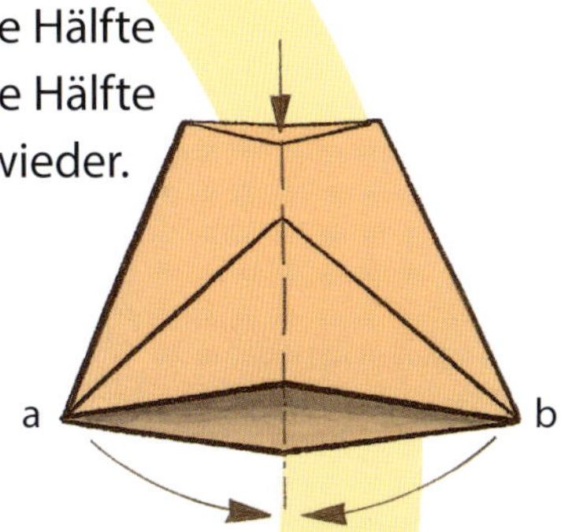

6
Öffne das Faltmodell. Führe dabei die Ecken „a“ und „b“ zueinander. Knicke die obere Kante nach innen ein.

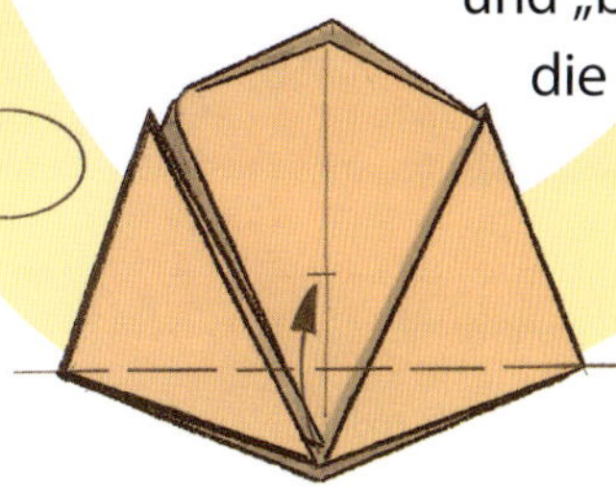

7
Falte die aufliegende untere Ecke nach oben und wende das Faltmodell wieder.

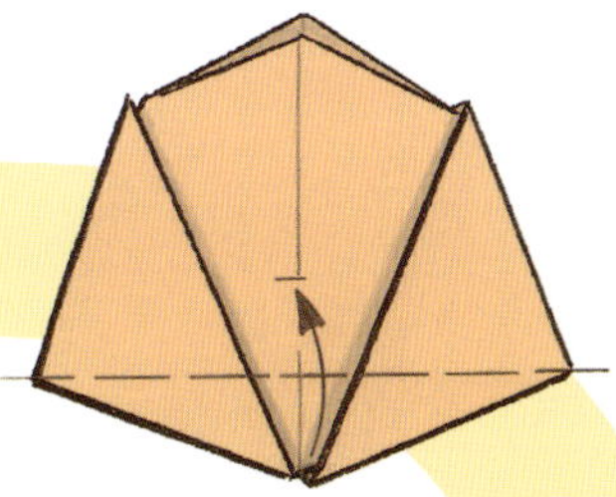

8
Falte auch die andere untere Ecke nach oben.

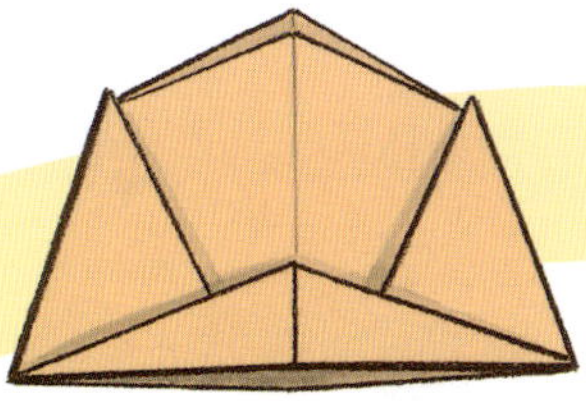

9
Jetzt sieht dein Faltmodell so aus.

11
Nun brauchst du den Kapitänshut nur noch zu öffnen und auszuformen – fertig!

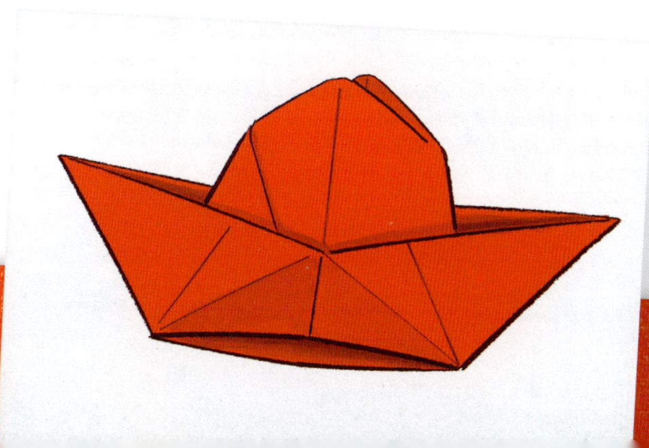

Piratenhut

Du brauchst:

ein großes quadratisches Blatt, ca. 70 mal 70 cm (wenn du den Hut aufsetzen möchtest), ein Lineal, einen Bleistift

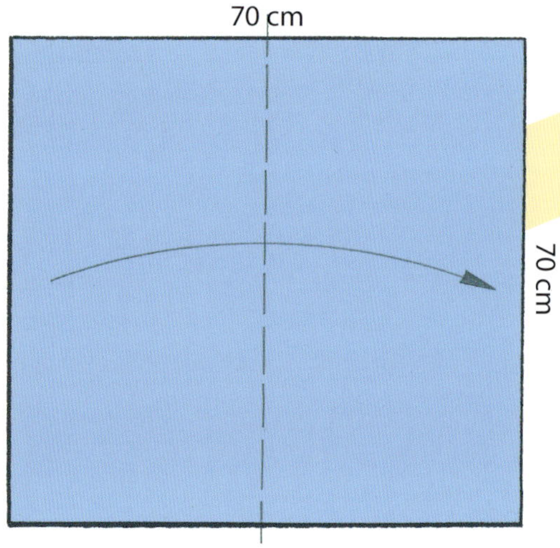

1

Falte zuerst die linke Kante auf die rechte Kante.

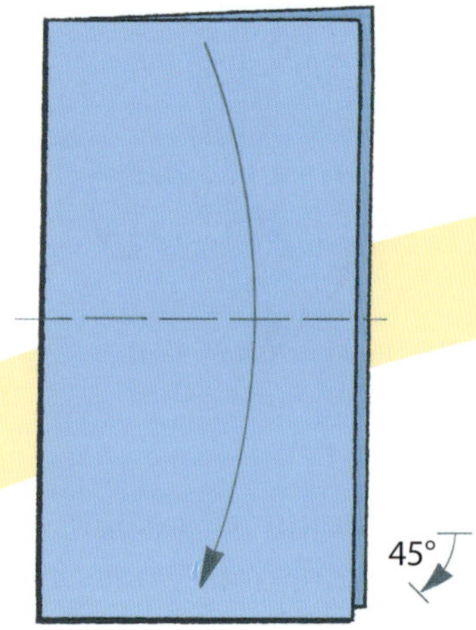

2

Falte nun die obere Kante auf die untere Kante. Drehe dann das gefaltete Blatt so, dass die vier einzelnen Blätter nach unten zeigen.

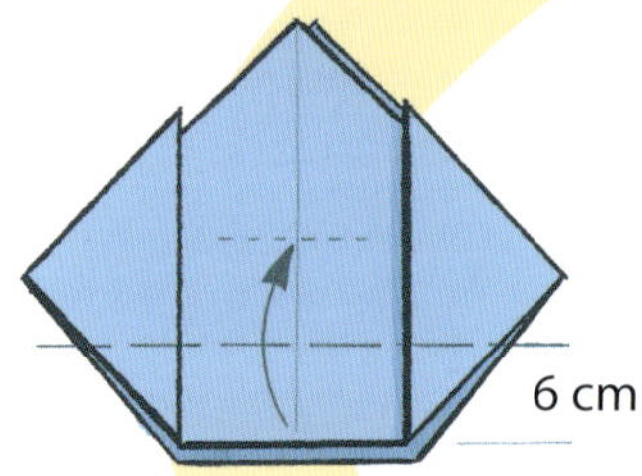

10

Markiere dir eine Faltlinie und falte die aufliegende untere Kante wie abgebildet nach oben.

Tipp

Du kannst dir das Quadrat aus farbigem Geschenk- oder Origamipapier zuschneiden.

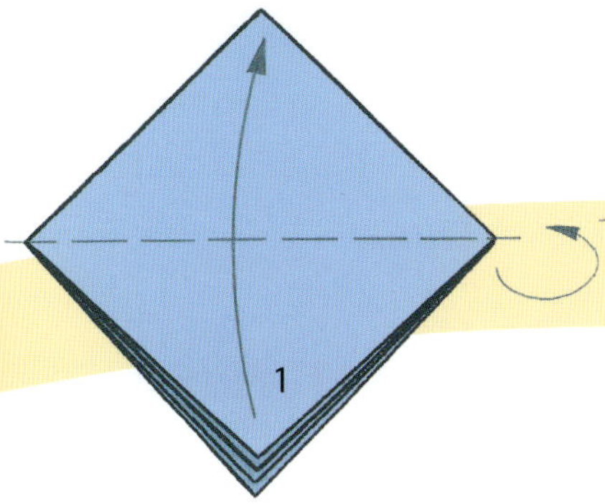

3

Falte nur das erste Blatt der unteren Ecke nach oben. Wende das Faltmodell.

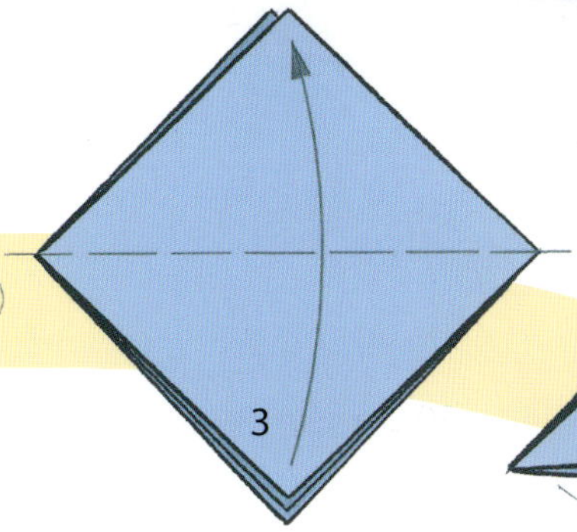

4

Falte die restlichen unteren drei Blätter nach oben.

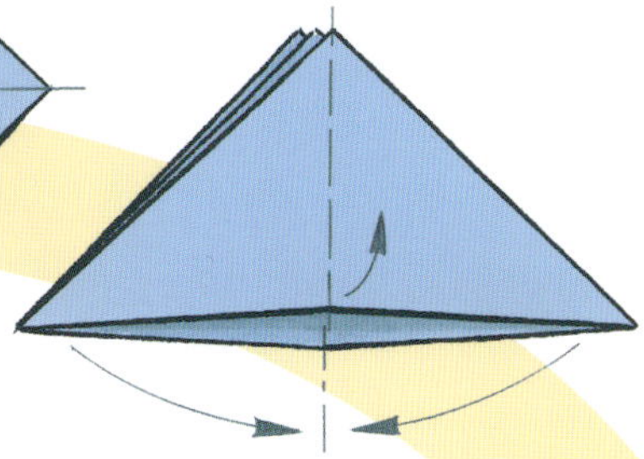

5

Führe die unteren Hutenden zusammen und lege das Faltmodell flach auf den Tisch.

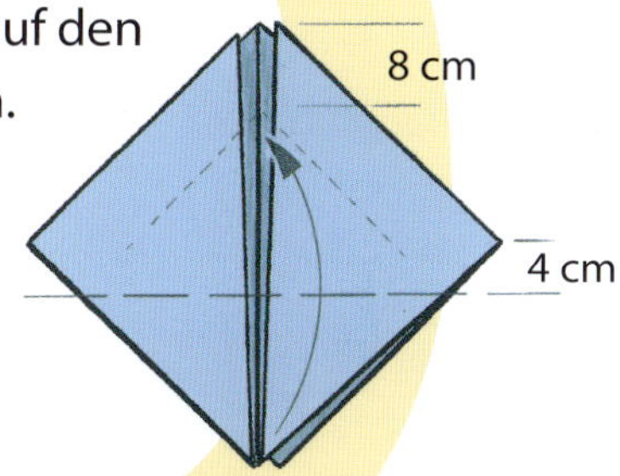

6

Markiere dir eine Faltlinie und falte die aufliegende untere Ecke wie abgebildet nach oben.

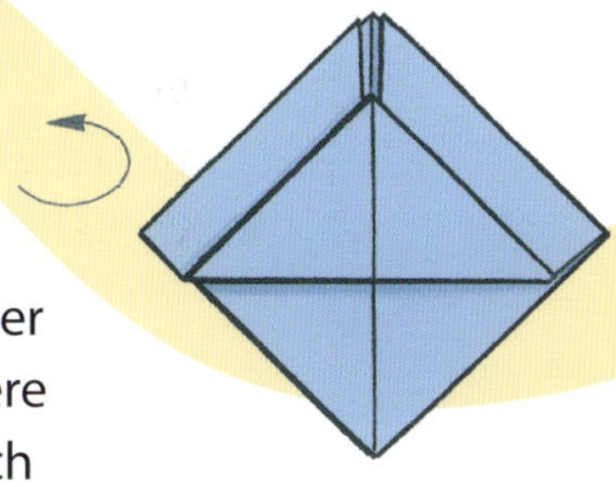

7

So sieht dein Faltmodell nun aus. Wende das Faltmodell …

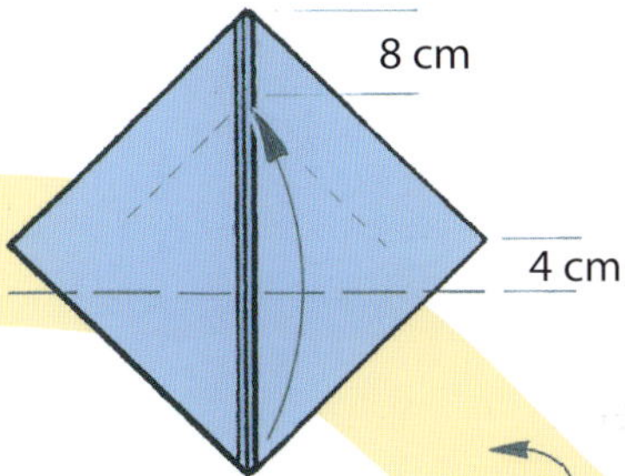

8

… und falte auf der Rückseite die untere Ecke genauso nach oben.

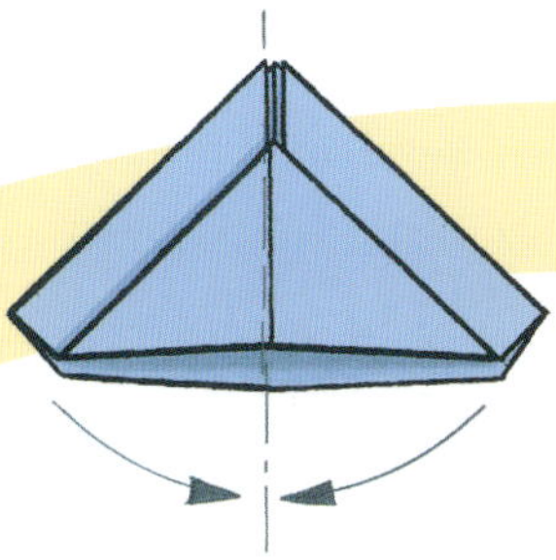

9

Führe nun die unteren Hutenden wieder zusammen und lege das Faltmodell flach auf den Tisch.

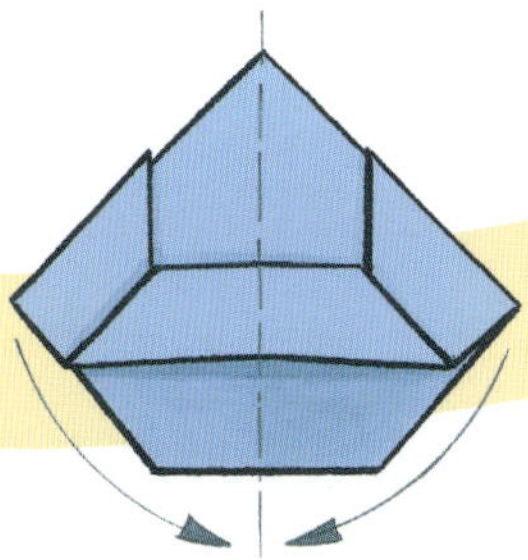

11

Führe nun wieder die unteren Hutenden zusammen.

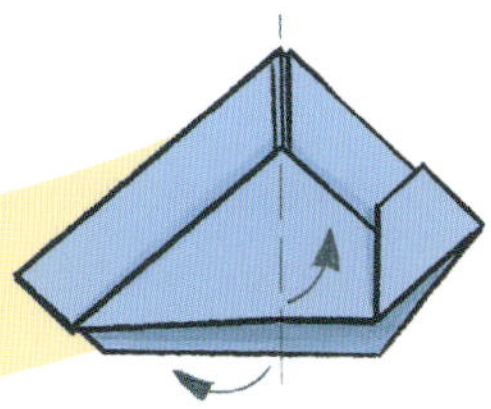

12

Glätte noch einmal die Kanten. Öffne den Hut und forme ihn aus. Den Piratenhut kannst du dir in allen Richtungen auf den Kopf setzen.

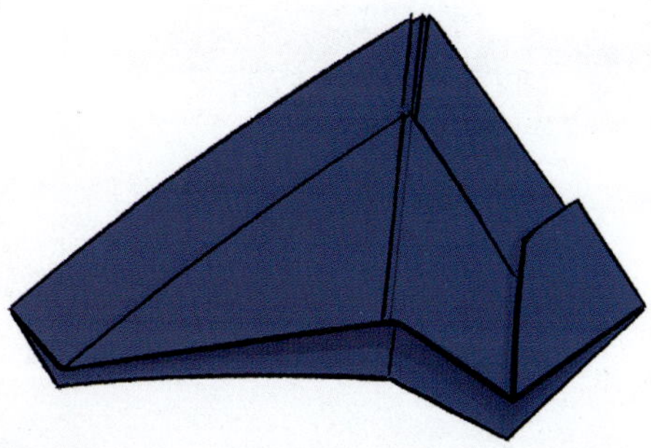

ZAUBER SPASS

Zaubertüte

Du brauchst:
ein DIN-A4-Blatt oder ein DIN-A3-Blatt (wenn es eine große Tüte werden soll)

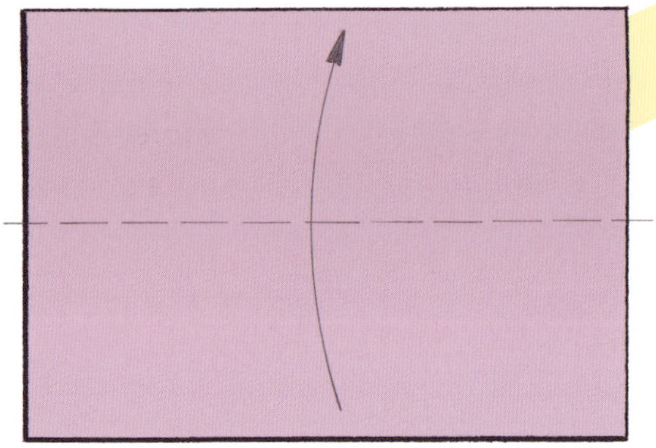

1
Lege das Blatt quer und falte die untere Kante auf die obere Kante.

2
Falte nun die linke untere Ecke zur oberen Kante.

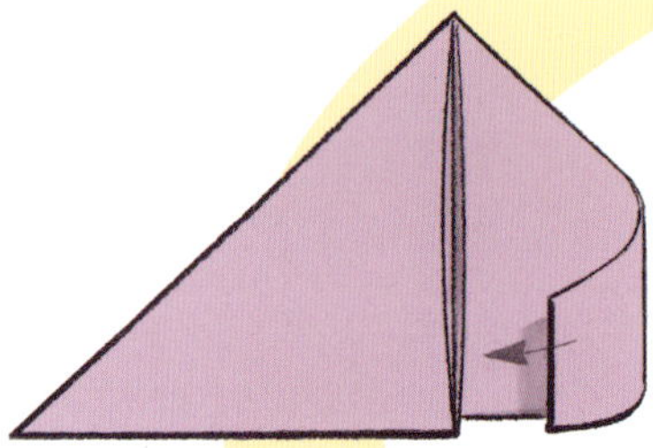

8
Biege jetzt die rechte Kante nach links …

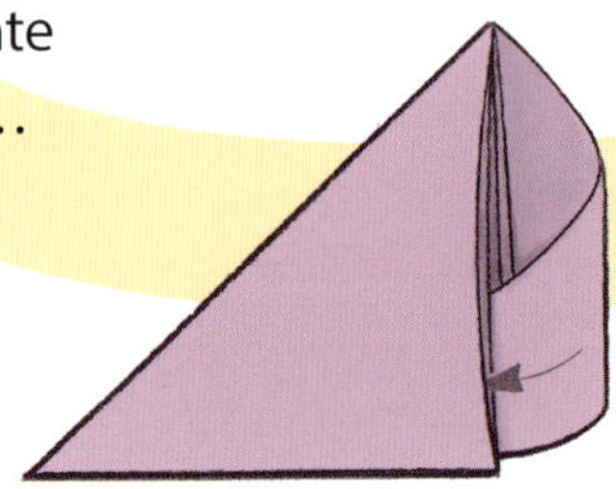

9
… und schiebe sie vollständig in die mittlere Öffnung der Zaubertüte.

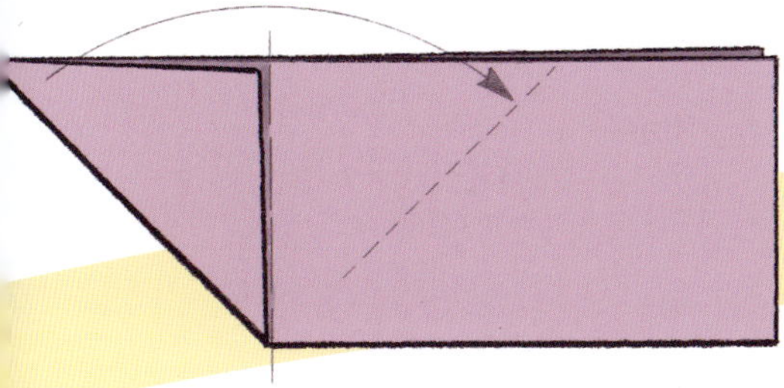

3

Falte das Dreieck wie abgebildet nach rechts …

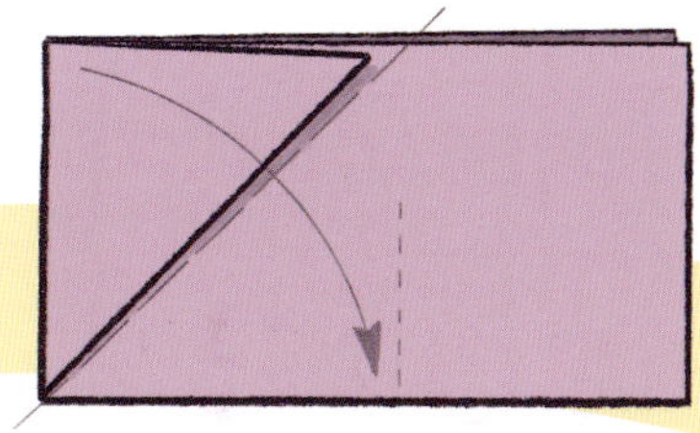

4

… und dann noch einmal zur unteren Kante.

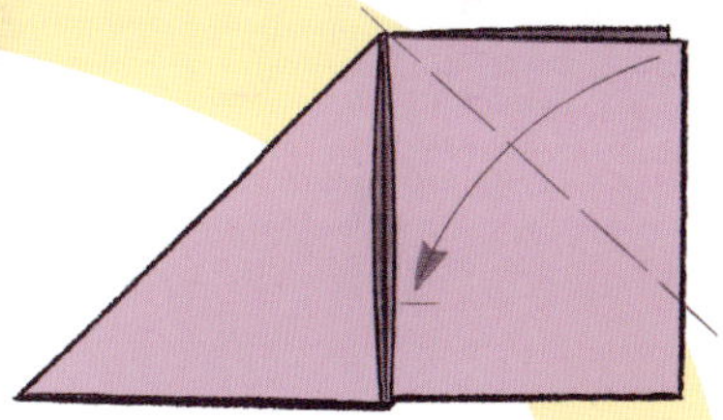

5

Falte nun die rechten oberen Ecken an die Kante des linken Dreiecks.

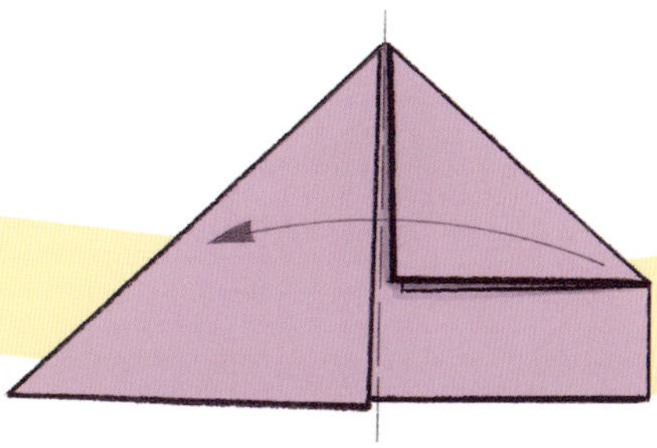

6

Falte die rechte Seite über die gestrichelte Linie auf die linke Seite.

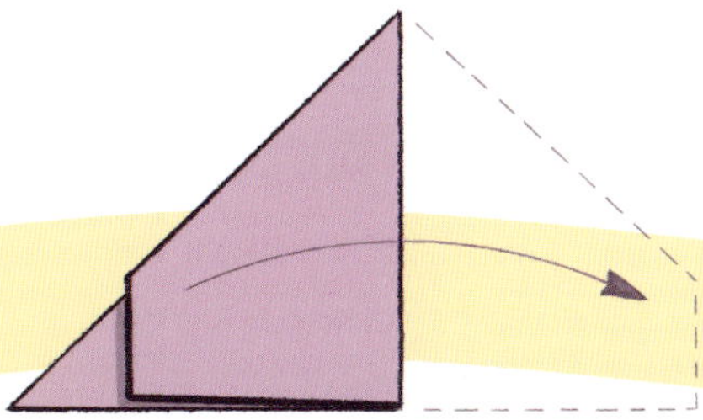

7

Öffne die Faltung wieder.

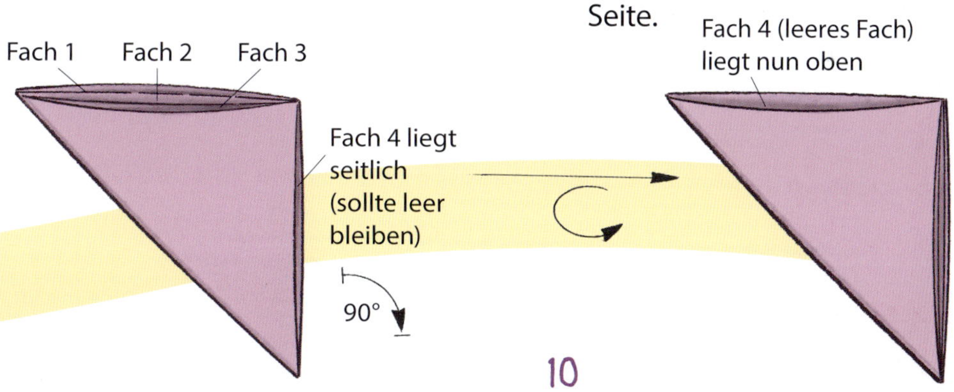

10

So sieht die Tüte fertig aus. Wenn du die Zaubertüte so wie links abgebildet hinlegst, hat sie drei Fächer oben und ein Fach seitlich.

Und so wird gezaubert:

Stecke in die oberen drei Fächer verschiedene Münzen oder andere flache Dinge. Das seitliche Fach bleibt leer. Du kannst nun eine Münze in eine andere Münze verwandeln – oder sogar verschwinden lassen; und das vor den staunenden Augen deines Publikums. Öffne dazu unbemerkt immer ein anderes Fach oder drehe die Zaubertüte unauffällig so, dass das leere Fach nach oben zeigt. Am besten, du probierst den Trick einige Male ohne Publikum aus.

Zauberboot

Du brauchst:
ein quadratisches Blatt (siehe Seite 7)

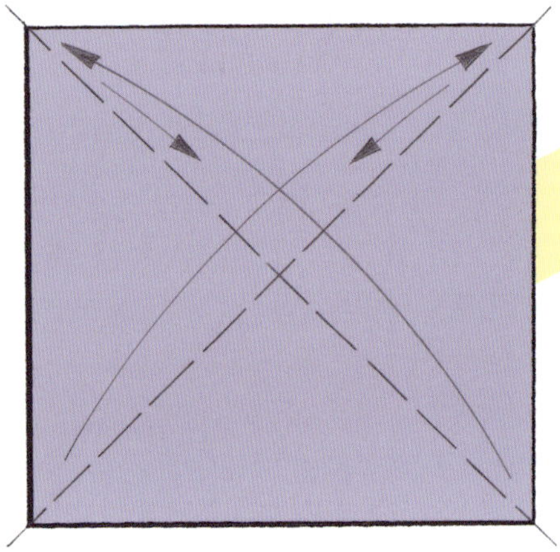

1
Falte das Blatt zuerst zweimal Ecke auf Ecke und öffne die Faltung jeweils wieder.

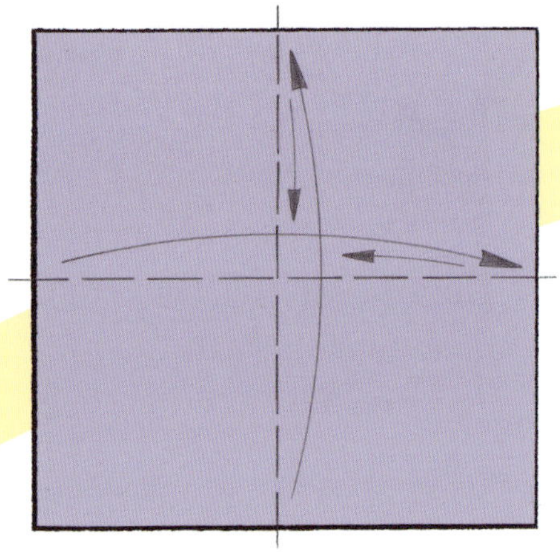

2
Falte nun zweimal Kante auf Kante und öffne die Faltung jeweils wieder. Nun ist das Blatt vorgefaltet.

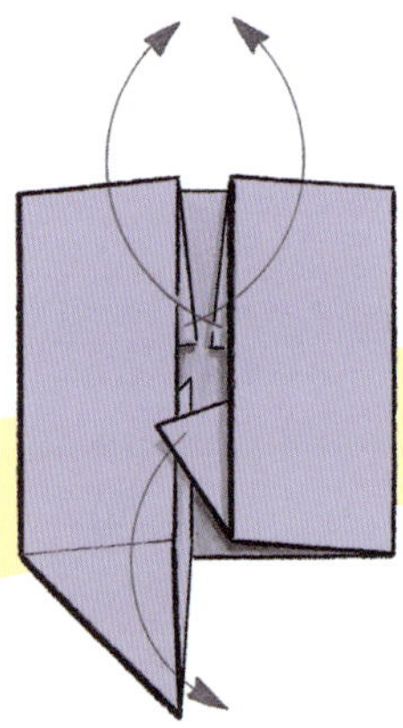

7
Ziehe die drei anderen Zipfel ebenso nach außen. Streiche auch diese Zipfel glatt.

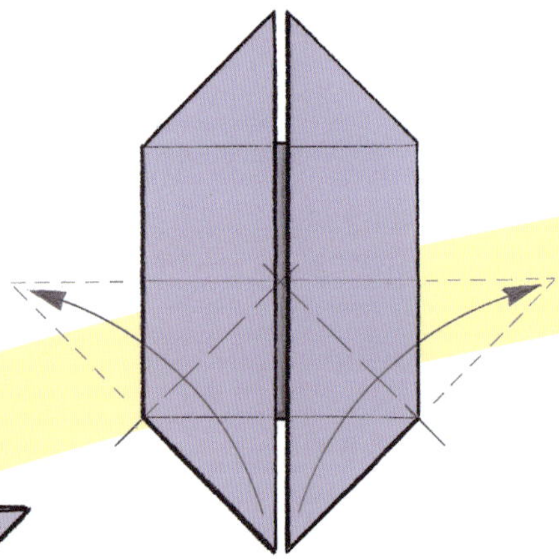

8
Lege nun die beiden unteren Ecken über die gestrichelte Linie nach außen um.

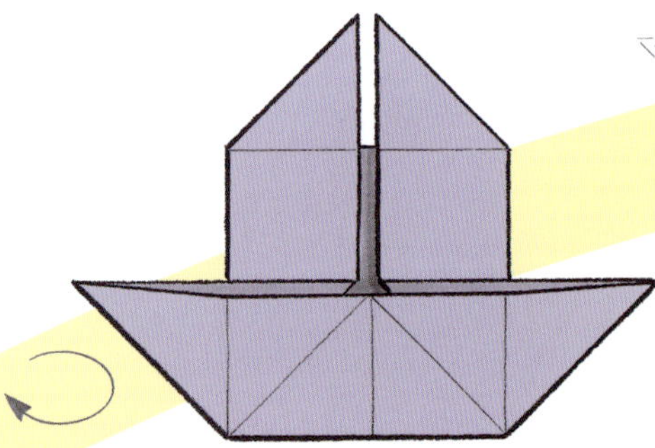

9
So sieht deine Faltarbeit nun aus. Wende das Faltmodell.

Weiter geht's auf Seite 54

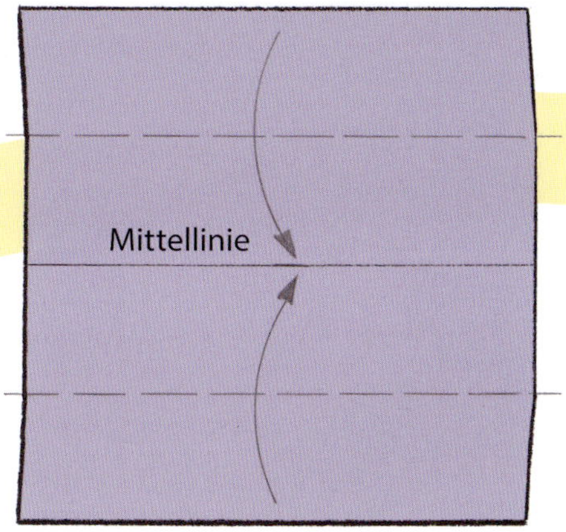

3

Falte die obere und die untere Kante zur gefalzten Mittellinie.

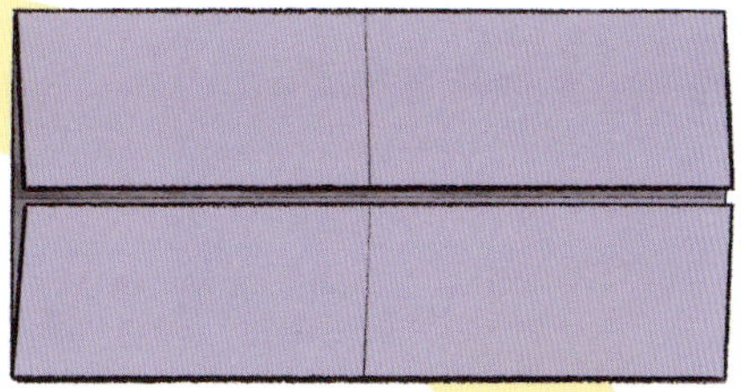

4

Jetzt sieht dein Blatt so aus.

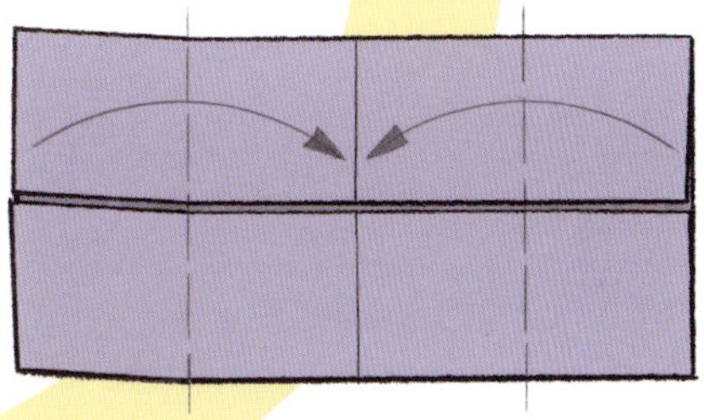

5

Falte nun die linke und die rechte Kante zur Mitte.

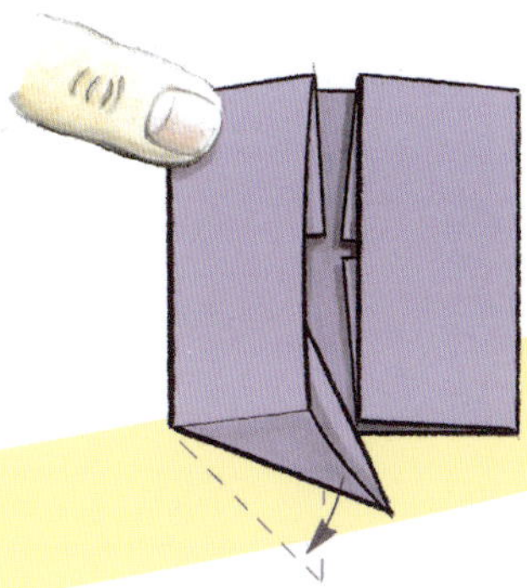

6

Greife einen innen liegenden Zipfel und ziehe ihn vorsichtig so nach außen, dass ein Dreieck entsteht. Streiche den Zipfel glatt.

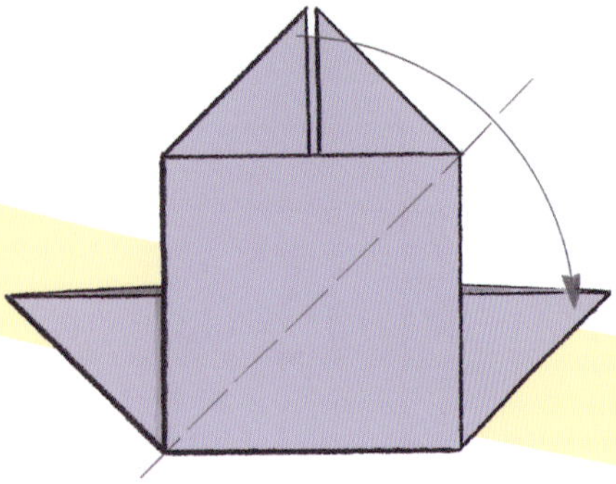

10

Lege die obere linke Ecke über die gestrichelte Linie auf die untere rechte Ecke.

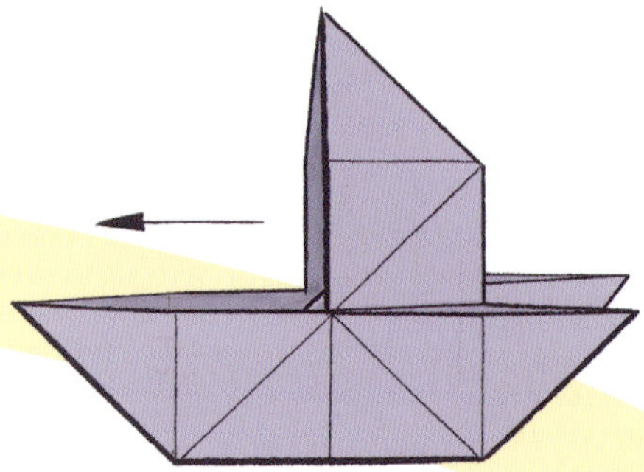

11

Das Zauberboot ist nun fertig. Es fährt nach links.

Ohne zu wenden, kann dein Zauberboot seine Fahrtrichtung ändern. Und so geht der Trick:

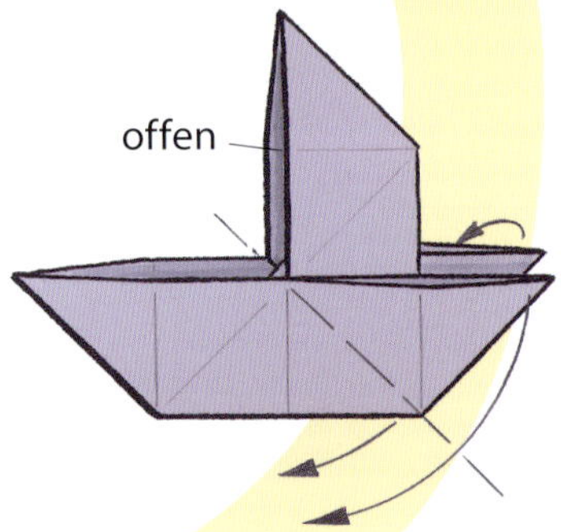

12

Lege beide rechte Ecken über die gestrichelte Linie nach vorn bzw. nach hinten um.

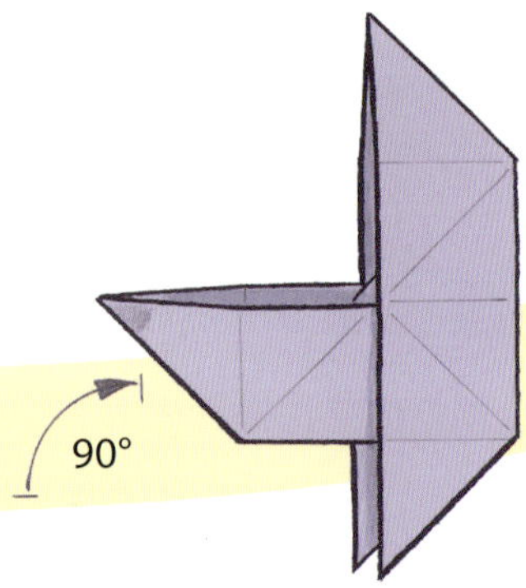

13

Drehe das Zauberboot so, dass die linke Ecke nach oben zeigt, und stelle dann das Boot wieder waagerecht auf.

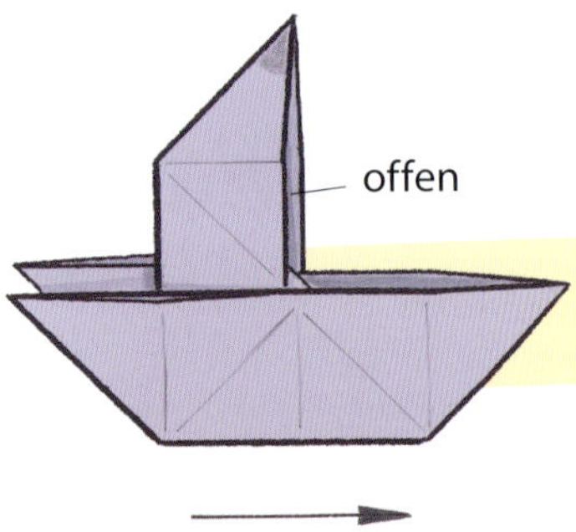

14

Das Zauberboot fährt nun in die andere Richtung, also nach rechts.

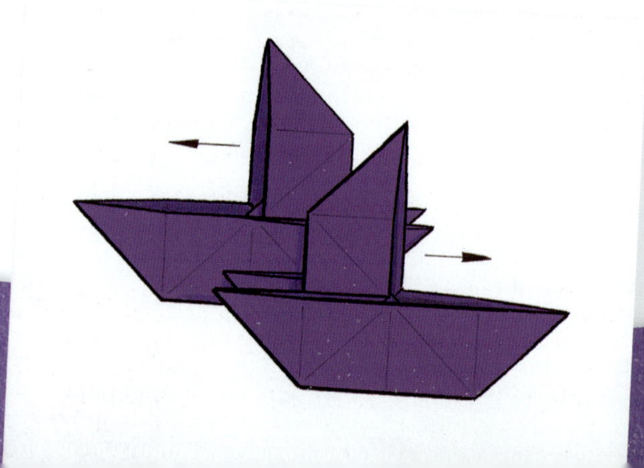

Fliegender Fisch

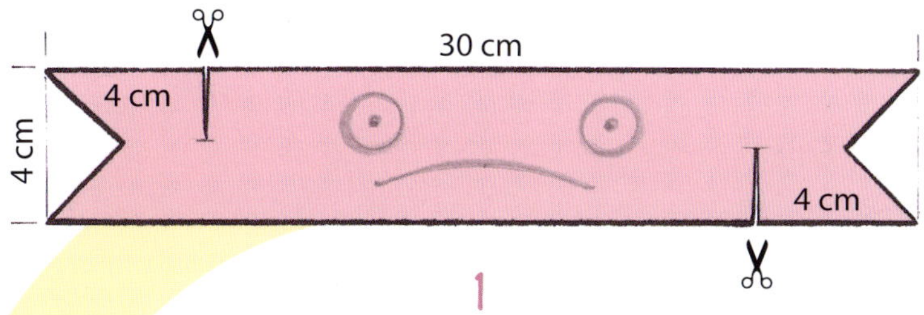

1

Schneide den Streifen wie abgebildet zweimal bis zur Mitte ein – einmal von oben und einmal von unten. Außerdem schneidest du an jedem Ende ein kleines Dreieck aus.

Du brauchst:

einen schmalen Papierstreifen (festeres Papier), ca. 4 x 30 cm

2

Stecke dann einfach die beiden Enden an den Einschnitten ineinander. Und so fliegt der Fisch: Halte den Fisch waagerecht. Lass ihn so aus der Höhe nach unten fallen – dabei wird er sich ganz schnell um die eigene Achse drehen.

Tipp

Wer mag, kann vor dem Zusammenstecken des Streifens noch zwei Augen und einen Mund aufmalen – oder aus Papier zuschneiden und aufkleben.

Himmel & Hölle

Du brauchst:
ein quadratisches Blatt Papier (siehe Seite 7), einen roten und einen blauen Farbstift

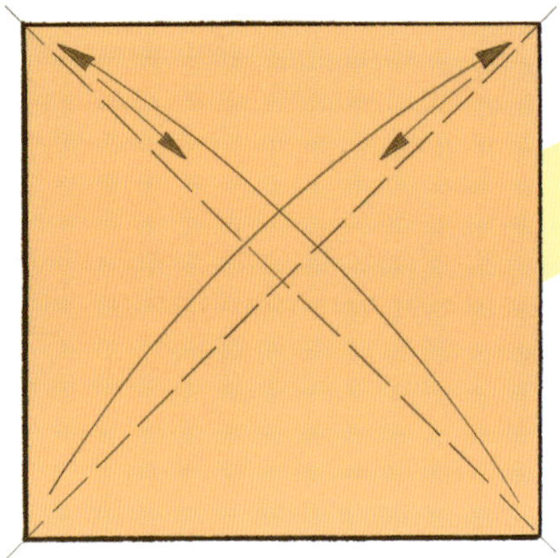

1
Falte ein quadratisches Blatt wie abgebildet vor: Falte zuerst die Ecken aufeinander – und öffne die Faltungen jeweils wieder.

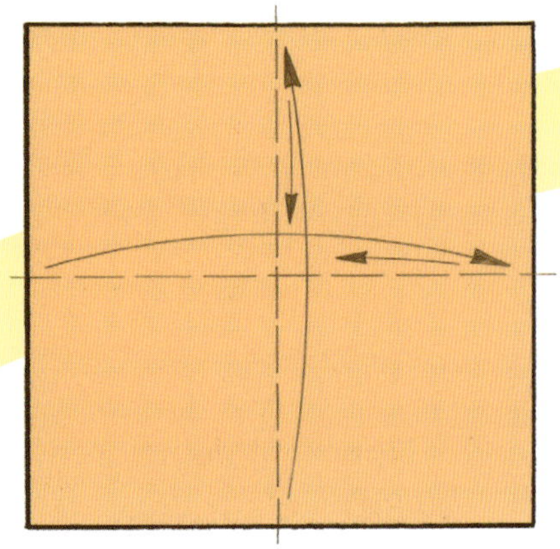

2
Falte dann die Kanten aufeinander – und öffne auch diese Faltungen jeweils wieder.

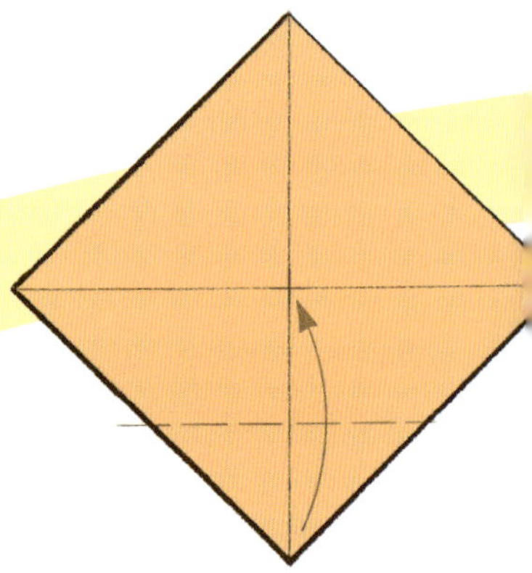

6
Falte nun wieder eine Ecke zur Mitte des Faltmodells.

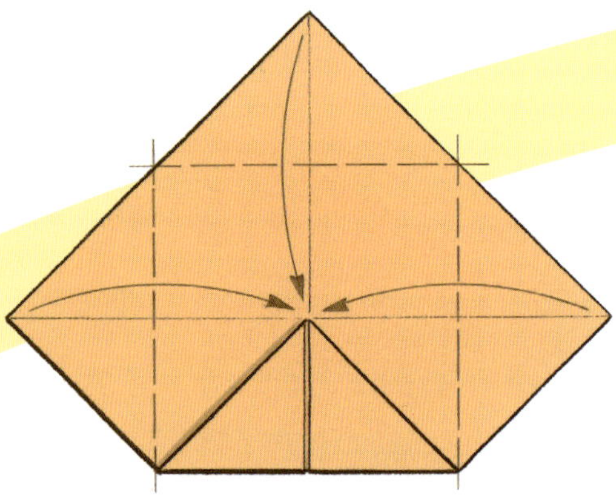

7
Falte auch die anderen drei Ecken zur Mitte.

8
Jetzt sieht das Faltmodell so aus.

Weiter geht's auf Seite 58

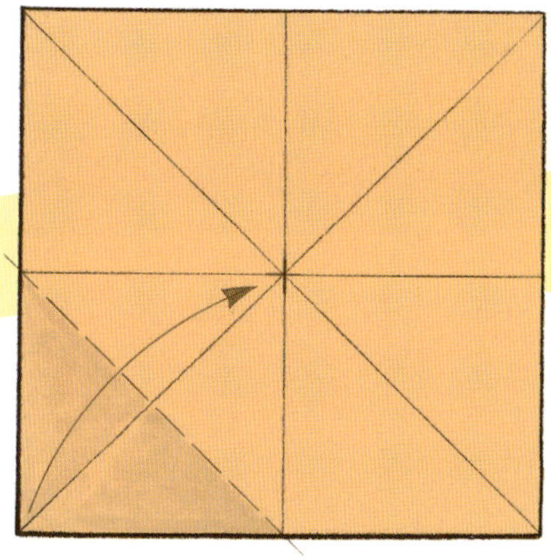

3

Nun sieht dein vorgefaltetes Blatt so aus. Falte eine Ecke zum Mittelpunkt.

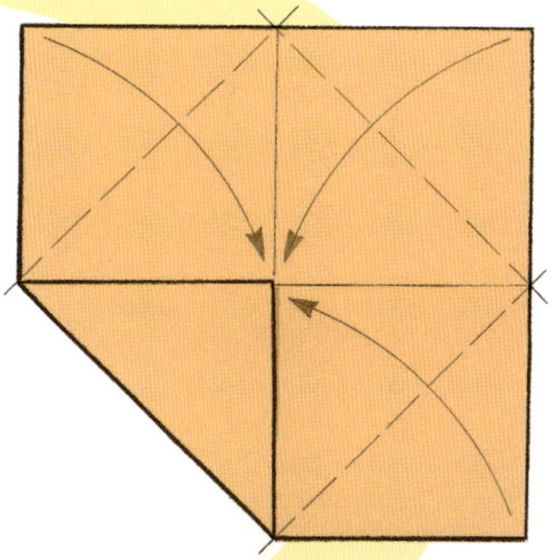

4

Falte auch die anderen Ecken zur Mitte.

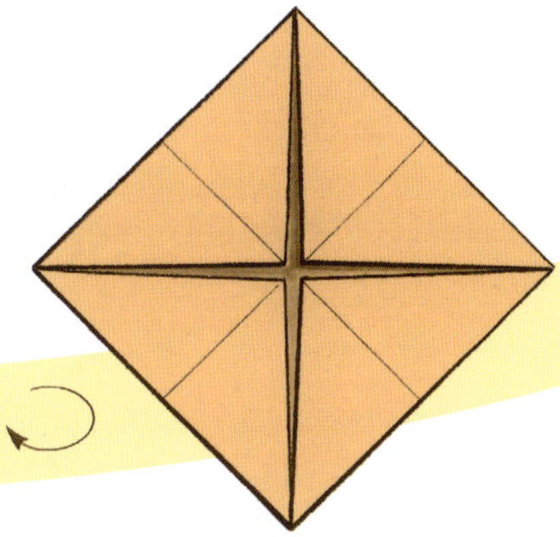

5

Nun sieht dein Faltmodell so aus. Wende das Modell.

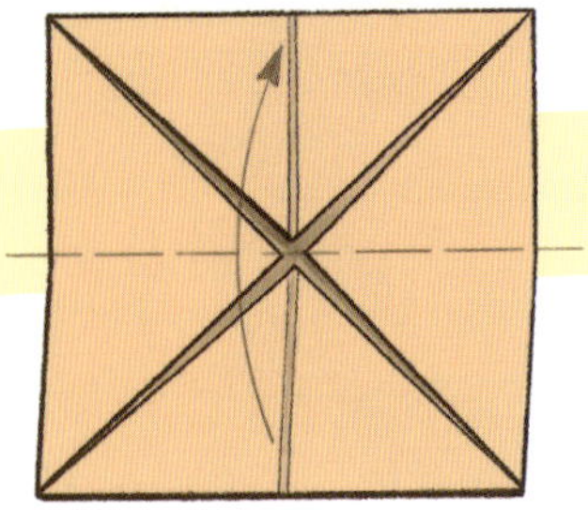

9
Falte die untere Kante auf die obere Kante …

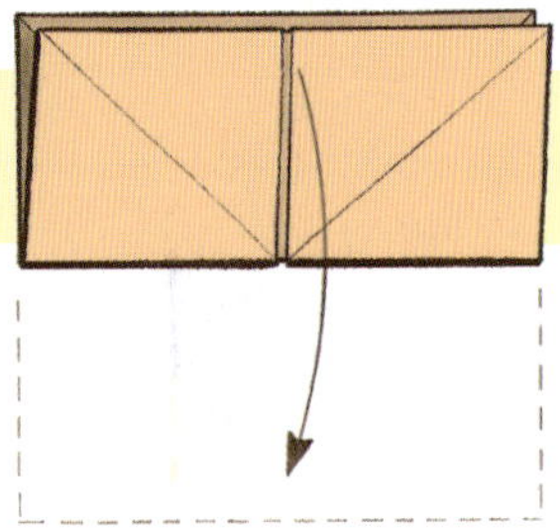

10
… und öffne die Faltung wieder.

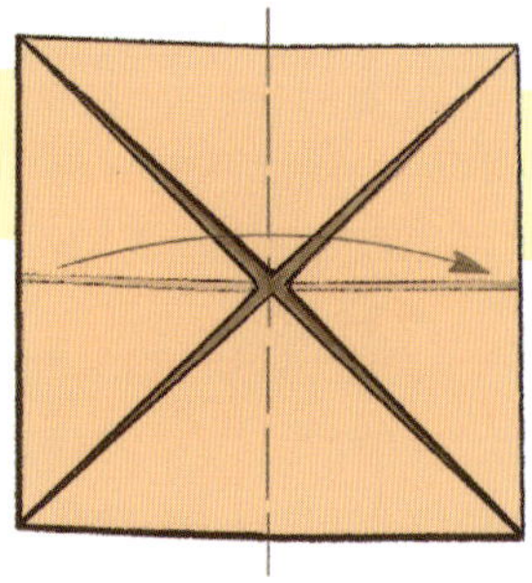

11
Falte ebenso die beiden anderen Kanten aufeinander.

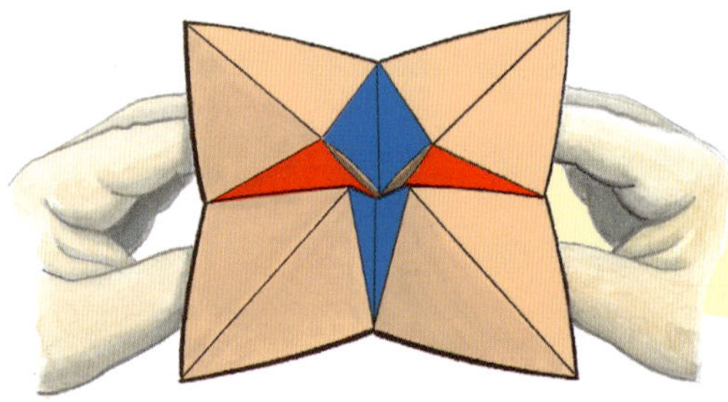

17

Und so kannst du spielen:

Greife wie abgebildet mit den Daumen und Zeigefingern beider Hände von unten in die vier Taschen. Beim wechselseitigen Aufziehen erscheint abwechselnd der blaue Himmel oder die rote Hölle.

Tipp

Mit etwas Übung gelingt es dir, mit einer Hand zu spielen. Dazu steckst du alle fünf Finger einer Hand in die vier Taschen.

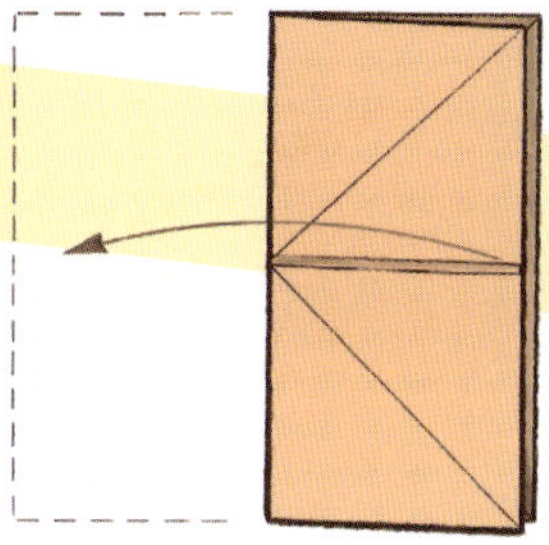

12
Öffne auch diese Faltung wieder.

13
Nimm Farbstifte und bemale zwei gegenüberliegende Ecken rot, die anderen beiden Ecken blau. Dann wendest du die Faltarbeit.

14
Jetzt sieht das Faltmodell so aus, die bemalten Dreiecke liegen unten.

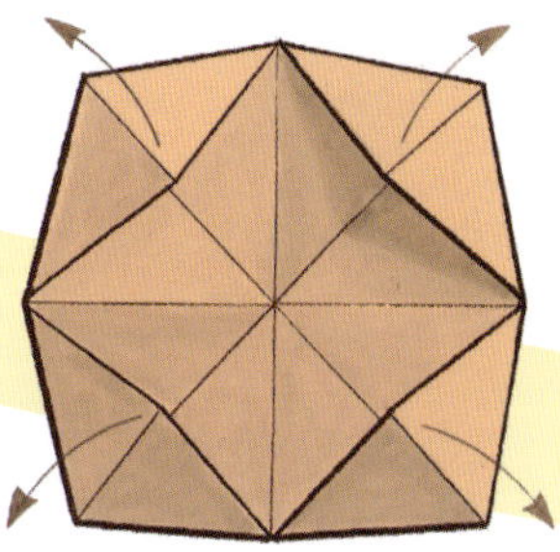

16
Dabei öffnen sich die vier Taschen des Himmel-und-Hölle-Spiels.

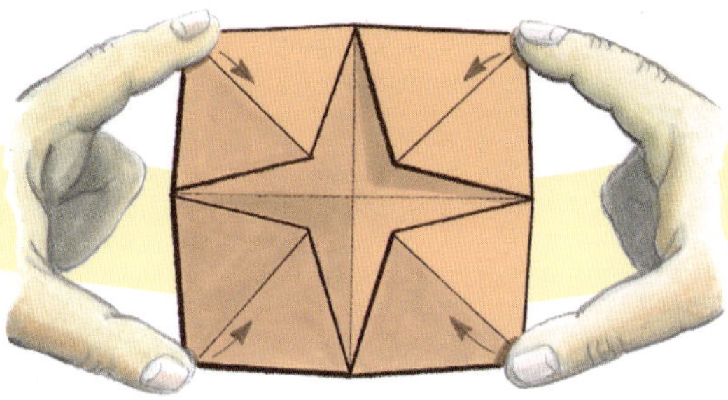

15
Drücke nun die äußeren Ecken mit Daumen und Zeigefinger beider Hände auf die Unterlage. Schiebe gleichzeitig die Ecken zur Mitte.

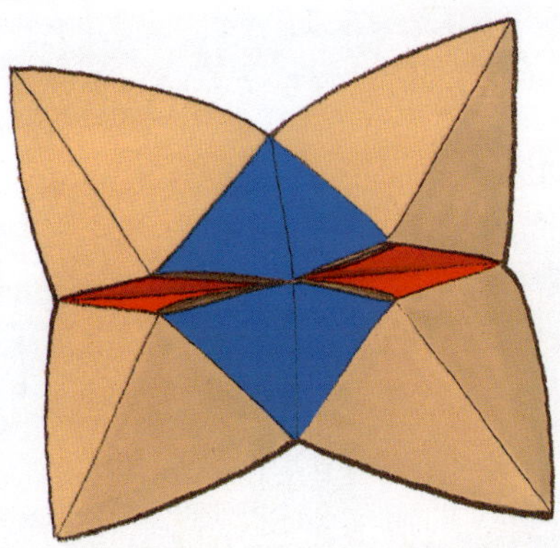

Impressum

Konzept und Realisation: Hajo Blank
Redaktion: Franziska Schlesinger, Astrid Spüler
Lektorat: Gisa Windhüfel
Fotografie: Annette Hempfling
Illustrationen: Hajo Blank
Gesamtgestaltung & Satz: GrafikwerkFreiburg
Reproduktion: Meyle + Müller GmbH & Co. KG, Pforzheim
Druck und Verarbeitung: DEAPRINTING, Novara (Italien)

ISBN 978-3-8388-3513-6
Art-Nr. CV3513

Autor und Verlag haben alle Angaben und Anleitungen mit größtmöglicher Sorgfalt zusammengestellt. Dennoch kann bei Fehlern keinerlei Haftung für direkte oder indirekte Folgen übernommen werden. Der Verlag übernimmt keine Gewähr und keine Haftung für die Verfügbarkeit der gezeigten Materialien.

Kreativ-Service

Sie haben Fragen zu den Büchern und Materialien? Frau Erika Noll ist für Sie da und berät Sie rund um alle Kreativthemen. Rufen Sie an! Wir interessieren uns auch für Ihre eigenen Ideen und Anregungen. Sie erreichen Frau Noll per E-Mail: **mail@kreativ-service.info** oder Tel.: **+49 (0) 5052/91 18 58** Montag bis Donnerstag: 9–17 Uhr / Freitag: 9–13 Uhr

Besuchen Sie uns im Internet: **www.christophorus-verlag.de**